Boris Cyrulnik
───────────

Psicoterapia de Dios

Colección
Libertad y Cambio

Otros títulos de Boris Cyrulnik
publicados en Gedisa:

(Super)héroes
¿Por qué los necesitamos?

Las almas heridas
*Las huellas de la infancia, la necesidad del relato
y los mecanismos de la memoria*

Los patitos feos
La resiliencia: una infancia infeliz no determina la vida

De cuerpo y alma
Neuronas y afectos: la conquista del bienestar

Bajo el signo del vínculo
Una historia natural del apego

Me acuerdo…
El exilio de la infancia

El murmullo de los fantasmas
Volver a la vida después de un trauma

Autobiografía de un espantapájaros
Testimonios de resiliencia: el retorno a la vida

Psicoterapia de Dios

Boris Cyrulnik

Titulo original en francés:
Psychoterápie de Dieu
© Odile Jacob, 2017

© De la traducción: Alfonso Díez, 2018
Corrección: Marta Beltrán Bahón

Cubierta: equipo Gedisa

Primera edición: marzo de 2018, Barcelona

Derechos reservados para todas las ediciones en castellano

© Editorial Gedisa, S.A.
 http://www.gedisa.com

Preimpresión:
www.editorservice.net

ISBN: 978-84-17341-00-8
Depósito legal: B.2027-2018

Impreso por Sagrafic

Impreso en España
Printed in Spain

Queda prohibida la reproducción total o parcial por cualquier medio de impresión, en forma idéntica, extractada o modificada, en castellano o en cualquier otro idioma.

Índice

Prefacio. Dios psicoterapeuta o el apego a Dios 9

1. De la angustia al éxtasis, consolación divina 11
2. Biología del alma. 19
3. Erotismo de la muerte inminente 25
4. Las almas atormentadas. Una neurología. 31
5. El niño accede a Dios porque habla y porque ama a aquellos que le hablan 37
6. El duelo y la activación del apego. 45
7. La necesidad de Dios y la pérdida 51
8. La teoría de la mente. Leer en el alma de los otros.. 59
9. Cómo sería el mundo si no tuviéramos palabras para verlo 67
10. Cuando cambia el gusto del mundo. 73
11. Fe, imagen parental y singularidad 79
12. El despertar de la fe con la edad 85
13. El apego al dios que castiga 95
14. Cuando la prohibición es una estructura afectiva, el castigo es tranquilizador. 99
15. El enunciado de la ley circuita el cerebro, los tabúes alimentarios unen al grupo. 105

16. Se encuentra uno con Dios como ha aprendido
    a amar 113
17. Valor moral del sufrimiento y de la culpabilidad... 119
18. La elaboración mental modifica el cerebro......... 125
19. Incertidumbres culturales y extremismos
    religiosos... 129
20. La espiritualidad no cae del cielo 139
21. Dios ha muerto, viva Dios 145
22. Vivir y amar en un mundo sin dios 157
23. Amor revolucionario y apego conservador 167
24. Mundialización y búsqueda de Dios 173
25. Religión, amor y odio de la música 179
26. Creencias y falsas creencias 189
27. El sexo y los dioses................................ 201
28. El amanecer de la espiritualidad................... 221
29. Las migraciones de Dios 227
30. Dilución de Dios en Occidente 235
31. Desenlace 239

Conclusión. La vía de Dios......................... 247

Prefacio
Dios psicoterapeuta o el apego a Dios

Seis viejecitos de 12 años que habían sido niños-soldado, habían visto la muerte, se codearon con ella y quizás incluso habían dado muerte. Estos niños habían envejecido de golpe. En algunos meses, las arrugas de la preocupación se abrieron en sus frentes. Sus ojos ya no reían y sus mandíbulas cerradas endurecían sus rostros. Un viejecito sonriente, con sus hoyuelos en las mejillas, me dijo que la guerra del Congo había acabado y que ahora quería convertirse en un futbolista o un chófer de esos coches magníficos de las ONG de Goma. Se parecía a mi nieto, salvo por su piel negra. Otro viejecito me pidió que le explicara por qué sólo se encontraba bien en la iglesia. «Veo todo el rato imágenes que me dan miedo. Pero, cuando entro en una iglesia, sólo veo cosas bonitas». Los viejecitos tristes asentían, cosa que divertía mucho al futbolista-chofer.[1]

Fui incapaz de responder, vi la decepción de aquellos niños malnutridos, los abandoné en su sufrimiento, no supe explicarles por qué el hecho de entrar en una iglesia podía sanar un trauma, calma una angustia y borrar las imágenes del horror.

Con 14 años, Elie Wiesel fue arrastrado a un infierno en el que la realidad se había vuelto loca: ¡Auschwitz! Al regresar

---

1. Cyrulnik, B., Misión Unicef, Congo RDC, septiembre de 2010.

del mundo de los muertos, le fue imposible hablar, mientras que una fuerza íntima le empujaba a dar su testimonio. A su alrededor oía: «¿Quién es este Dios que ha dejado que esto ocurriera?».[2] Algunos de sus allegados perdieron la fe: «Si Dios existiera, no lo hubiera permitido». El adolescente sobrevivía con un desgarro íntimo, ya que su fe persistía, atravesada por una pregunta punzante: «¿Por qué lo ha permitido?». Fue así como comprendió que Dios sufría ya que el mal existe: «Dios padece después de Auschwitz, tengo tanta necesidad de él».

¿Podemos ignorar hoy a siete mil millones de seres humanos que se dirigen a Él todos los días, sienten su proximidad afectiva, temen su juicio y se reúnen en magníficos lugares de culto llamados iglesias, mezquitas, sinagogas y otros templos?

¿Podríamos intentar entender por qué esta necesidad fundamental deriva tan a menudo hacia un lenguaje totalitario que petrifica las almas y, en nombre del amor al prójimo, se convierte a veces en odio hacia el Otro?

He tenido que hacer una investigación para responder a estos niños y decirles que este libro podría esclarecer aquello que, en el alma humana, teje el apego a Dios.

---

2. Jonas, H., *Le Concept de Dieu après Auschwitz*, Rivages, París, 1994.

1
De la angustia al éxtasis, consolación divina

Trescientos mil niños sufren por haber sido soldados y se hacen las mismas preguntas: «¿Por qué me arrastraron a esta pesadilla? ¿Por qué soy tan desgraciado? ¿Por qué no viene Dios en nuestra ayuda?».

El fenómeno de los niños-soldado siempre ha existido, pero desde el año 2000 se considera un crimen de guerra.[1] Durante milenios, cuando la guerra era la forma más habitual de socialización, se armaba a los niños, se utilizaba a las niñas y los adultos suspiraban: «La guerra es cruel». Los cadetes napoleónicos de 14 a 16 años fueron los últimos soldados del Emperador. La guerra de Secesión de los Estados Unidos (1861-1865) consumió a un gran número de niños. Los chiquillos de París, durante la Comuna (1871), fueron convertidos en héroes, es decir, sacrificados. Los nazis enviaron a la masacre definitiva (1945) a miles de niños fanatizados por la escuela. En Nepal, en Oriente próximo, en Nicaragua, en Colombia, cientos de miles de niños fueron sacrificados para defender una causa que fue rápidamente olvidada.

Algunos niños-soldado, arrancados de sus familias y de sus pueblos, fueron sometidos a educadores que los aterrorizaban. A veces encontraron en estos grupos armados una relación de

---

1. Convención internacional de los derechos de los niños, 2 de septiembre de 1990.

apego que les daba seguridad, o incluso vivieron la fanatización como una aventura excitante. Otros experimentaron la fiebre de la entrega personal hasta el punto de desear morir por una causa que se les había inculcado. La mayoría se desilusionó al ver a la muerte de cerca y recuperaron la memoria de su más tierna niñez, cuando su madre era su primera base de seguridad y cuando su padre enmarcaba, mediante su autoridad, el desarrollo del pequeño. El terror reactivaba la necesidad de apego: «Cuando estábamos tumbados en el suelo y los obuses silbaban a nuestro alrededor, mis pensamientos me llevaban a mi hogar, a mi casa, a todos los que había dejado atrás [...], me culpaba [...], fui un estúpido al dejar a mi familia. [...] Dios mío, cómo me habría gustado que mi padre me viniera a buscar».[2]

Cuando la utopía se hunde y cuando lo real nos aterra, somos capaces de reactivar el recuerdo de un momento feliz en el que estábamos protegidos por nuestra afectuosa familia.

Estos niños enrolados en la guerra de Secesión, en la Comuna de París, el nazismo o el yihadismo, están eufóricos por el gran proyecto que les proponen los adultos. Pero cuando lo real les golpea, la mayoría de estos pequeños soldados reactivan el recuerdo de los momentos felices en los que estaban protegidos por los brazos de su madre, bajo la autoridad de su padre. ¿Es necesario un susto, una pérdida, para que el apego tenga un efecto tranquilizador? En un contexto normal, en el que el apego siempre está ahí, adquiere un efecto adormecedor. Pero cuando un acontecimiento causa una alarma o un sentimiento de pérdida, el dispositivo afectivo reactiva el recuerdo de los apegos felices.[3]

---

2. «Diario del joven Elisha Stockwell, al día siguiente de la batalla de Shiloh (Guerra de Secesión 1861-1865)», en Pignot, M. (dir.), *L'Enfant-soldat, XIXe-XXIe siècle. Une approche critique*, Armand Colin, Le fait guerrier, París, 2012, pág. 47.

3. Kobach, R., «The emotional dynamics of disruptions in attachment relationships», en J. Cassidy, P. R. Shaver (dir.), *Handbook of Attachment.*

Esto explica por qué un niño que nunca ha sido querido no puede reactivar el recuerdo de una felicidad que no ha tenido nunca. Todo susto o pérdida despierta en su memoria la soledad y el abandono. No puede volver a encontrar el Paraíso perdido ya que nunca estuvo allí. En su memoria, sólo hay la angustia del vacío en un mundo en el que todo es terrorífico.

Un niño que ha estado en los brazos tranquilizadores de una madre afectuosa ha aprendido a soportar su partida cuando, de forma inevitable, ella se ausenta. Le basta con llenar el vacío momentáneo con un dibujo que la representa o con un trapo, un osito que la evoca. La falta de madre es el origen de su creatividad, a condición de que, en su recuerdo, haya un rastro de su madre tranquilizador. Sin embargo, no todo está perdido cuando un niño ha sido abandonado de forma precoz. A pesar de las grandes dificultades que esto causa, basta con que tenga un sustituto afectivo para poder reactivar el recuerdo del momento feliz. Por este motivo los niños dañados por la guerra raramente reproducen la violencia, a condición de haber estado antes en un entorno seguro: «Casi siempre, se vuelven pacifistas o militantes por la paz».[4]

La educación consiste en impregnar en la memoria de nuestros niños algunos momentos felices, luego hay que ponerlos a prueba separándolos de forma momentánea de su base tranquilizadora. Cuando, inevitablemente, llegue el momento difícil de toda existencia, el niño habrá adquirido un factor de protección: «Estoy armado para la vida —dicen—, soy amable porque fui amado, sólo tengo que buscar una mano tendida». La aptitud de la creatividad que surge de una pérdida, ¿se debe quizás a esta fuerza venida del fondo de nosotros mismos im-

---

Theory, Research, and Clinical Applications, The Guilford Press, Nueva York, 1999, pág. 29.

4. Ameur, F., «Les enfants-combattants de la guerre de Secession», en M. Pignot (dir.), *L'Enfant-soldat, XIXe-XXIe siècle, op. cit.*, págs. 48-49.

pregnada por una figura de apego? «Sé que hay una fuerza por encima de mí, sé que me protege». ¿Es ésta la razón por la cual el sentimiento de Dios se asocia normalmente al amor y a la protección? Este poder sobrenatural que vela por nosotros y nos castiga, ¿funciona como una imagen parental?

Tomé el ejemplo de los niños-soldado del Congo a quienes, en el momento mismo de su reclutamiento, se los traumatiza. Podría haber hablado de otros niños-soldado estafados por utopías criminales, como las juventudes Hitlerianas o la Cruzada de los niños (1212), que fueron hasta Jerusalén a pie para recuperar la tumba de Cristo. De hecho, se trataba de un grupo de pobres que fueron el origen de un mito formidable. Hoy en día, los yihadistas usan a los niños para hacer bombas. Los supervivientes, muy alterados, se refugian en mezquitas o en lugares de oración para tranquilizarse e intentar volver a la vida. Otros no lo consiguen y quedan tocados para siempre. No obstante, algunos evitan el trauma cuando alguien les tiende la mano.

Su evolución en direcciones distintas depende de la coordinación de una huella afectiva íntima que se armoniza con una estructura social o espiritual, una familia de acogida, una mezquita, una iglesia o un patronazgo laico. Esta transacción entre la memoria inscrita en su cerebro y una institución que estructura su entorno les ayuda a retomar un nuevo desarrollo después de la agonía psíquica. Ésta es la definición de resiliencia.

El grave desgarro de estos niños heridos activa un apego a Dios: «Sólo me siento bien en la iglesia», me decía el pequeño congolés de rostro trágico. «Me encanta ir a la mezquita y sentirme rodeado de gente, durante la plegaria», me explicaba un joven palestino. «Las Juventudes hitlerianas me hicieron feliz», me confesaba una rubia de ojos azules. «Yo era muy infeliz en mi casa porque mis padres se peleaban todos los días. Cuando fui admitido en los pioneros empecé a vivir en el éxtasis de construir el comunismo», me explicaba un joven rumano que pasó su infancia en un palacio del rey Michel, convertido en centro de formación cerca de Constanza, en la época de Gheorghui-Dej.

Estos testimonios me plantean algunos problemas:

- Cuando se es desgraciado, un solo encuentro puede cambiarlo todo, a condición de que nuestra estructura mental sea lo suficientemente flexible como para evolucionar. No debe quedar fijada por una repetición neurótica en la que el sujeto reproduce sin cesar la misma relación.
- Además, nuestro entorno debe disponer a nuestro alrededor posibilidades de encuentro con personas e instituciones.
- Estos encuentros nos transforman porque nos proponen una trascendencia que puede ser sagrada, laica o profana como el comunismo.

Entonces, ¿se puede pasar de la angustia al éxtasis?[5] El sentimiento de Dios, ¿estaría inducido por una lucha victoriosa contra la angustia? Sufrimos, nos crispamos, nos oponemos con todas nuestras fuerzas a las desgracias de la vida y de golpe, como cuando soltamos una goma elástica, basculamos hasta la situación opuesta y experimentamos un éxtasis. A menudo cito el ejemplo de un pastor protestante en la Resistencia durante la Segunda Guerra Mundial. Tomó el tren para ir a una ciudad vecina, pero el convoy se detuvo en medio del campo. El ejército alemán rodeó los vagones. Los soldados subieron por ambos extremos. El pastor experimentó una violenta angustia porque sabía que en su maleta había la una libreta con las direcciones de la red de resistentes. Oyó el sonido de las puertas y las órdenes de los soldados que se acercaban. Sabía que le detendrían, lo torturarían y que sus amigos morirían por su culpa. La angustia le corroía el estómago y, cuando la puerta de

---

5. Janet, P., *De l'angoisse à l'extase*, Société Pierre-Janet y CNRS, París, 1975.

15

su compartimento se abrió, de pronto experimentó un cambio de humor y lo detuvieron en pleno éxtasis.

Este vuelco emocional no siempre es provocado por una lucha contra la angustia. Recuerdo a una adolescente que deambulaba por su habitación ensayando su examen final de bachillerato. Agobiada por el aburrimiento, se tumbó en la cama para relajarse un poco y sintió de golpe una agradable sensación en su vientre. Esta emoción creció hasta tal punto de que la joven se sorprendió pensando: «¡Dios existe!». En su familia, nadie se preocupaba por estas cosas, no iban a misa y la religión no formaba parte de sus vidas. Los padres aceptaron la afirmación de la adolescente que, transformada, empezó a disfrutar trabajando, saliendo y frecuentando la parroquia, donde se reflexionaba acerca del mundo metafísico.

Recibí en mi casa a un sacerdote que, curiosamente, a petición de su jerarquía, vino a pedirme un certificado diciendo que él no era un pedófilo. Su rostro tenía la frescura de los creyentes: ojos abiertos como platos, sonrisa encantadora en las antípodas del rostro de los ansiosos. Este hombre, muy útil en orfanatos de la India y en África, me explicó que nunca había sentido angustia y que, al contrario, sentía tal alegría de vivir que era feliz de compartirla.

En todos estos casos, el impulso psicoafectivo da al sujeto la impresión de acceder a una dimensión superior. El mundo real, el de la materia, es poca cosa comparado con el descubrimiento repentino de una fuerza sobrenatural. No hay palabras para designar esta euforia. Entonces se dice «Dios», «Alá», «Y» o «...». A menudo no se dice nada porque nuestras palabras no están pensadas para indicar cosas más allá de los segmentos de lo real o para dar forma a una idea. Pero ¿qué palabra podría dar forma verbal a algo indecible sentido intensamente?

«Madeleine [...] encuentra en las representaciones que ella se hace de su unión con Dios una alegría intensa, extraordinaria». Dice: «Mis goces empezaron durante mi juventud [...] a la edad de 11 años [...] delicias inexplicables, voluptuosidades inexplicables que no tengo fuerza para soportar».[6]

Éric-Emmanuel Schmitt se perdió en el Hoggar durante una excursión. Solo, desorientado y sin víveres, sin refugio para afrontar la gélida noche, va a morir. No obstante, siente en su interior una fuerza ardiente que crece, una alegría extática. «¿Por qué no llamarlo Dios?»[7] ¿Su reacción emocional se parece a la del pastor protestante en quien el arresto y la proximidad de la muerte provocaron un éxtasis?

Jean-Claude Guillebaud redescubrió su cristiandad de forma apacible. Este gran reportero, encargado de ser testigo de tragedias humanas, estaba cansado del sufrimiento que veía en su trabajo. «Había todas las razones del mundo para estar desesperado. Y, sin embargo, de ellos aprendí la esperanza».[8] De la forma más serena del mundo regresó a la cristiandad y encontró una actitud constructiva. ¿Se parece su reacción emocional a la de la adolescente que se tranquiliza al descubrir a Dios durante su siesta?

---

6. *Ibid.*, págs. 88-89.
7. Schmitt, É.-E., *La Nuit de feu*, Albin Michel, París, 2015.
8. Guillebaud J.-C., *Comment je suis redevenu chrétien*, Albin Michel, París, 2007.

2
Biología del alma

El éxtasis puede desencadenarse tanto mediante una sustancia química como mediante una representación mental. La cortisona provoca a veces una dulce euforia en la que todas las percepciones quedan aguzadas. El cielo es más azul, la brisa más fragante, el cantar de las gaviotas es agradable, un gran bienestar físico hace del mundo una maravilla. Nada ha cambiado en la historia o el contexto de la persona, pero su forma de ver el mundo bajo los efectos de la sustancia le da una coloración afectiva deliciosa.

Este poder de la química para que sintamos goces inesperados lo utilizan los consumidores de paraísos artificiales o los sacerdotes mexicanos. El peyote, planta alucinógena, modifica la sensación que tenemos de nuestro cuerpo y nos da la impresión de acceder a la consciencia de otro mundo. Los sacerdotes mexicanos se servían de él durante los sacrificios humanos para acercarse a la verdad: «El sacrificado, muerto, alza el vuelo hacia al cielo y ve a su Dios cara a cara».[1]

Curiosamente, esta modificación de la percepción del mundo se explica por el descubrimiento de otro mundo, el metafísico. Hay muchas sustancias que provocan modificaciones de la consciencia. Las anfetaminas causan una sensación de aceleración del pensamiento, una concentración psíquica tan inten-

---

1. Graulich, M., *Le Sacrifice humain chez les Aztèques*, Fayard, París, 2005.

sa que, paradójicamente, inmoviliza el cuerpo. Por esta razón a veces damos anfetaminas a los niños agitados, quienes de pronto de detienen y mejoran sus resultados escolares. Muchos escritores como Jean-Paul Sartre y Marguerite Duras tomaban tantos comprimidos de Corydrane (que se vendía en farmacias hasta los años 1970) que tuvieron episodios de paranoia en los cuales la percepción del más mínimo indicio adquiría, para ellos, un significado exagerado: «¿Por qué me mira usted así…? ¿Por qué has suspirado cuando he alargado la mano hacia el bol de fruta?». Recuerdo a un paciente que sobreinterpretaba hasta la más mínima de las nimiedades: «Cuando la gente calla, eso demuestra que estaban hablando de mí».

Así, una sustancia puede causar la impresión de descubrir otro mundo, más allá de las percepciones. La forma verbal que damos a esta sensación depende de nuestro desarrollo y de nuestro contexto cultural. La idea de Dios causada por la química les fue útil a los aztecas y a muchos exploradores del inconsciente que no dudaron en tomar mescalina, LSD u otras setas alucinógenas para poder racionalizar aquello extraordinario que habían vivido.

A veces podemos obtener los mismos resultados sin tomar sustancias. Algunos jugadores se vuelven dependientes de las máquinas tragaperras y algunos adolescentes no consiguen apagar su ordenador. La pasión, que se ha apoderado de su alma, aprisiona a los enamorados. Esta constatación supone que una representación no percibida, abstracta, inmaterial, puede modificar los metabolismos hasta el punto de causar la sensación de haber descubierto un mundo metafísico: «Madeleine […] encuentra una gran alegría en las representaciones de Dios que ella se construye». «Mi cuerpo está en este mundo, mi alma en otro»,[2] dice en pleno éxtasis. Encontramos en la euforia

---

2. Janet, P., *De l'angoisse à l'extase, op. cit.*, pág 88 y pág. 90.

de la fe este sentimiento de autoscopia en el que nos vemos a nosotros mismos desde fuera de nuestro cuerpo. Un acontecimiento emocional tal es similar a una experiencia cercana a la muerte en la que el alma sale del cuerpo y se eleva hacia el cielo.

Estos testimonios eran infrecuentes en una época en la que nadie se atrevía a revelar lo que había vivido por miedo a parecer loco. La anestesia ha hecho tantos progresos que los médicos consiguen hoy en día arrancar de las garras de la muerte a los comatosos. Cuando el superviviente analiza su experiencia, su testimonio refuerza la idea de la separación del alma y el cuerpo.[3]

La alianza de neurólogos con psicoanalistas ha podido explorar este fenómeno en el que el sujeto ya no percibe su cuerpo, anestesiado por drogas o pasmado por un trauma psíquico. La representación que nos hacemos de nosotros mismos, liberada de las percepciones sensoriales, deja que una imagen se eleve hacia el techo (como dicen los enfermos) o hacia el cielo (como dicen los creyentes). Los niños maltratados, las mujeres violadas, los deportados a los campos de la muerte, las personas destrozadas por el miedo a una agresión explican cómo, separados de su cuerpo, se han visto desde arriba con una indiferencia sorprendente. «Yo seguía a mi cadáver», dice Viktor Frankl, superviviente de Auschwitz.[4] «Por esta razón hablo a este respecto de mecanismo de "escisión de supervivencia" como de un trabajo de supervivencia».[5] Se trata de una adapta-

---

3. Roisin, J., «La sortie du corps et autres expériences extrêmes en situation de traumatisme», *Revue francophone du stress et du trauma*, 2009, 9 (2), págs. 71-79.

4. Frankl, V. E., *Le Dieu inconscient. Psychothérapie et religion*, InterEditions, París, 2012.

5. Roisin J., *De la survivance à la vie. Essai sur le traumatisme psychique et la guérison*, PUF, París, 2010, pág. 74.

ción psíquica a la inminencia de la muerte que da al sujeto traumatizado la convicción de que la vida de su espíritu perdura más allá de la aniquilación de su cuerpo.

Esta experiencia no es un delirio ya que, por el contrario, se encuentra enraizada en una experiencia extrema de la vida, en un cuerpo moribundo, en el que el alma es percibida como una posibilidad de eternidad. Estos supervivientes nos cuentan su descubrimiento mental inaudito y no una idea mórbida.

El éxtasis (ex-estasis) es una sensación física intensa que consiste en sentirse fuera de uno mismo, transportado. Tiene toda la lógica del mundo que se llame al orgasmo sexual «pequeña muerte». Es un extravío del alma que descarrila de sus vías orgánicas durante el tránsito amoroso. Podemos pues considerar que este éxtasis ardiente es el momento patológico más bonito para un ser humano normal: «Ella me hace perder la cabeza».

Todas estas palabras cotidianas expresan una experiencia de amor y de éxtasis, a las puertas de la muerte. La emoción es tan intensa que el alma sale de la carne para contemplar el mundo y ver su propio cuerpo separado de ella. Bajo los efectos de un *shock*, aterrador o amoroso, el alma sube al cielo, abandonando su despojo mortal. Todas las religiones, para describir este fenómeno natural, han usado palabras tomadas de sus culturas respectivas: ascendemos hacia Dios, hacia Alá o hacia el Gran Manitú. Jesús y Mahoma ascendieron al cielo, como todo ser humano cuya alma, después de la muerte, sigue viva en otro mundo. En esta sensación corpórea, el alma desencarnada se convierte en metafísica. También hay que señalar que para describir estas experiencias extremas, las palabras de amor se acoplan con las de la muerte.

Tras la experiencia inaudita de la deportación, algunos cadáveres vivientes que titubeaban entre los muertos sintieron que Dios había quedado devastado. La mayoría continuaron buscando socorro en su Dios, a quien necesitaron más que nunca para soportar el infierno (70%).[6] Otros, al ver los centenares de miles de cadáveres apilados antes de ser convertidos en humo, encontraron una razón para explicar lo inexplicable: Dios había muerto en Auschwitz, ya que de haber existido nunca habría permitido aquella abominación: «¿Qué Dios habría podido hacer esto?»[7] (16%). En cambio, una minoría de esqueletos vivientes que antes de la deportación nunca se habían ocupado de Dios, de pronto lo descubrieron: «De repente, supe que Dios existía»[8] (13%).

Las creencias son maleables bajo el efecto de condiciones extremas. Ya sea el descubrimiento de Dios o su desaparición, esta representación se vive como una certeza. ¿Por qué tengo que demostrar que respiro, que estoy vivo y que creo en Dios? Sé que creo en él, puesto que lo siento, eso es todo.

Las creencias son auténticas, claras e irrefutables, aunque cambien. El abuelo Joseph, un judío muy creyente, discutía con su hijo que luchaba contra el nazismo, siendo él comunista. El vínculo entre ambos hombres estaba roto cuando se encontraron en Auschwitz. El hijo vio a su padre, desnudo, entrar en la cámara de gas; cuando el padre vio a su hijo, le gritó: «Vuelve a Dios, vuelve a Dios...» y luego entró. El hijo, asombrado, sintió que su cuerpo se desencarnaba. Entonces comprobó que le había vuelto el sentimiento de Dios.[9]

Una emoción extrema cercana a la muerte probablemente tenga el mismo efecto que una emoción extrema cercana a la pasión. Los místicos testimonian sobre el placer casto y, no obs-

---

6. Falsetti, S. A.; Resick, P. A.; Davis, J. L., «Changes in religion beliefs following trauma», *Journal of Traumatic Stress*, 16 (4), 2003, págs. 391-398.

7. Jonas, H., *Le Concept de Dieu après Auschwitz*, Rivages, París, 1994, pág. 14.

8. Falsetti, S. A.; Resick, P. A.; Davis, J. L., «Changes in religion beliefs following Trauma», art. cit.

9. Testimonio personal, Joseph Kastersztein, París, 2014.

tante, sexual que experimentan al encontrarse con Dios, como escribe Santa Teresa: «¡Qué tiernos estos afectos! ¡Qué arrebato amoroso! [...] Los placeres no tienen fin cuando el esposo y la esposa [...] se dan un verdadero placer al estar el uno dentro de la otra [...] torrente de voluptuosidad [...] puro amor».[10]

En la experiencia religiosa el consuelo se asocia con la admiración y la activación del apego. En la vida cotidiana no es raro que un acto sexual consuele del dolor. Un hombre desolado puede provocar la ternura de una mujer. Una mujer apenada a menudo se refugia en brazos de un hombre o de una divinidad: «Estaba absorbida, embriagada, perdida en un abismo de indecibles consuelos causados por la más bella, la más divina visión [...] la de Nuestro Señor rodeado de luz».[11]

Aunque el éxtasis sea provocado por una sustancia como el peyote o la cocaína o por una representación sobrehumana, la emoción es tan intensa que repercute en el cerebro. Basta con hablar para activar una red de neuronas del hemisferio temporal izquierdo, basta con ver una imagen para que la zona occipital que procesa la información visual consuma energía, y cuando la emoción es fuerte, el circuito límbico es el que se activa. Pero la acción de una sustancia es inmanente, porque la droga no necesita sentido alguno para desencadenar una emoción, mientras que una representación provoca un sentimiento que tiene efectos más duraderos que los de la droga.

---

10. Carta de Santa Teresa al reverendo P. Gregoire de Saint-Joseph, Tomo II, en P. Janet, *De l'angoisse à l'extase, op. cit.*, pág. 94.

11. James, W., *Les Formes multiples de l'expérience religieuse. Essai de psychologie descriptive*, Exergue, París, 2001, págs. 211-271.

3
Erotismo de la muerte inminente

Para un místico la muerte no es el final de la vida, ya que sólo es mortal su cuerpo mientras que su alma sobrevive eternamente. Algunos sienten un ardiente deseo de morir para estar más cerca de Dios. Ciertos volcanólogos experimentan una sensación de belleza tan violenta ante una erupción que temen desear arrojarse dentro del cráter. La muerte es bella cuando la belleza y la erotización provocan el éxtasis de un acoplamiento maravilloso y mortífero: «Katia, yo y los volcanes, es una historia de amor [...] ellos nos aportan la alegría de su belleza [...] su resplandor, su violencia que, quizás un día, den la razón a nuestra temeridad».[1] Katia y Maurice Krafft, talentosos volcanólogos, murieron en una erupción el 3 de junio de 1991, cuando se vieron atrapados por un río de lava incandescente en la ladera del monte Unzen en Japón.

También se obtiene un efecto similar estimulando ciertas zonas del cerebro, al provocar un éxtasis amoroso o relatando una historia de miedo: se activan las mismas zonas. Podemos demostrar que la maravilla y el horror no son en absoluto antagónicos. Estas dos sensaciones opuestas están fisiológicamente asociadas para equilibrar el organismo. Una fascinación constante causa fatiga y repulsa, y viceversa, un

---

1. Biografía de Maurice y Katia Krafft, en la web de L.A.V.E. [http://www.lavevolcans.com/gdesfig_krafft_hommage.html].

horror sin pausa acaba provocando una fascinación apaciguadora. Cuando tenemos sed, los primeros sorbos de agua son extraordinarios, pero si bebemos sin parar, acabamos experimentando un doloroso rechazo por el agua. Los traumatizados al principio están asombrados por el miedo que padecen. Pero cuando se les apoya y se les ayuda a dar sentido al horror, a menudo se convierten en especialistas de aquello que les traumatizó. Entonces les complace recuperar el control de su mundo interior, así como el control del agresor al entender mejor sus motivos.

Esta dupla de emociones opuestas que funcionan asociadas fue descubierta mediante un antiguo experimento de neuropsicología.[2] En este experimento hay un animal que tiene la posibilidad de pisar dos pedales, uno da alimento y el otro envía descargas eléctricas a un electrodo puesto en la zona cerebral que desencadena una intensa sensación de placer. Al cabo de algunos días, el animal se autoestimula sin cesar enviándose descargas eléctricas, hasta el punto de no apretar nunca el pedal que le da alimento. En un entorno natural, el animal come hasta saciarse hasta el momento en que, saciado, siente aversión por lo que antes deseaba. En las condiciones de este experimento, el freno no existe y el animal se estimula su zona del placer hasta la muerte.

Nuestro ecosistema interior cambia sin cesar y debemos adaptarnos constantemente a la deshidratación y al descenso del azúcar en sangre buscando en nuestro entorno maneras de rehidratarnos o hacer que suba nuestro nivel de glucemia. Esta función homeostática mantiene el equilibrio mientras todo cambia a nuestro alrededor. El equilibrio está asegurado por dos

---

2. Olds, J.; Milner, P., «Positive reinforcement produced by electrical stimulation of septal area and other regions of rat brain», *J. Comp. Physiol. Psychol.*, 1954, 47 (6), págs. 419-427.

circuitos cerebrales: el haz lateral hipotalámico[3] que, cuando es estimulado, desencadena una sensación de malestar que empuja al organismo a buscar lo que le falta y le da placer, y también un circuito de neuronas prefrontales conectadas al tálamo que, cuando son estimuladas, causan un apaciguamiento hasta el adormecimiento. Esta dupla de opuestos funciona como un ciclo que alterna pulsiones antagónicas que se armonizan.[4] Una sustancia secretada por el cuerpo o inyectada desde el exterior activa este sistema, que puede llevarnos de la desesperación hasta a la euforia o viceversa.

Un producto químico ingerido actúa sobre estas zonas cerebrales del mismo modo que una representación intensa que influye en la química de estos mismos circuitos cerebrales. Este razonamiento que sorprende a los dualistas es, sin embargo, fácil de constatar: el enunciado verbal de un cumplido puede hacer sonrojarse a aquel (o aquella) que lo recibe. El mero hecho de articular estas palabras en la boca de uno modifica la secreción de sustancias que dilatan los vasos sanguíneos de la cara de otro. Del mismo modo, un insulto puede inducir en el que lo recibe una palidez debido a la constricción de los vasos, un síncope o el llanto pueden ser provocados por el enunciado de una mala noticia.

Cuando la emoción, sea cual sea su origen, es demasiado fuerte o duradera, nos encontramos en la situación del animal que estimula hasta morir su zona del placer. La neuroquímica del placer sexual muestra este hecho biopsicológico. Algunas personas se convierten en adictas, dependientes de una droga hasta el punto de no soportar la falta de la sustancia. Pero también podemos ser dependientes de una emoción fuerte

---

3. Circuito de neuronas que salen de la zona hipotalámica (área ventrosegmental y núcleo accumbens) para conectarse.

4. Panksepp, J., *Affective Neuroscience. The Foundations of Human and Animal Emotions*, Oxford University Press, Nueva York, 1998, págs. 148-167.

provocada por los juegos de azar, el riesgo o la búsqueda de situaciones de alerta seguidas de euforia, como los aficionados al futbol, lívidos de miedo antes de la contienda que luego provocará una semana de felicidad sin motivo. En estos casos, no se ingiere sustancia alguna, y no obstante la emoción provocada por el riesgo de perder provoca un placer tal que el jugador se convierte en adicto. Algunos adolescentes, durante sus primeras masturbaciones, experimentan un placer sexual tan violento que sienten angustia. Y algunos adultos se sienten desconcertados tras una «fase postorgásmica depresiva».[5]

Una circunstancia extrema puede disparar estas dos pulsiones neurológicamente opuestas del miedo y del placer. Quizás sea esto lo que explique el cambio fulgurante del pastor resistente torturado por la angustia y detenido en pleno éxtasis por los soldados alemanes. Quizás las conversiones repentinas se basen en esto. Cuando Saúl (Pablo) el perseguidor deja Jerusalén y se dirige a Damasco en persecución de los discípulos de Jesús, es «abatido» por una aparición: «Yo soy el Jesús al que tú persigues». Entonces, el engendro malogrado que él se imaginaba ser recibe de pronto la luz de la gracia de Dios y va a socorrer a los cristianos. Cuando San Agustín, el niño malo (siglo IV), oye la voz de un niño cantar «ve en busca de los libros y léelos», recibe la luz, lee la Epístola de Pablo a los romanos y renuncia a los placeres pasados. Se acabó el deseo de la carne, el acto sexual, los celos y las peleas constantes, se convierte en un asceta, decide amar a Dios y ser amado por los otros.

La palabra «conversión», utilizada habitualmente, ¿es pertinente para definir este fenómeno de cambio emocional? Pablo nunca abandonó su fe judía, pero ya no odiaba a Jesús y a sus discípulos. San Agustín quedó saciado, incluso asqueado por su vida de vividor, y de pronto deseó al ascetismo que condu-

---

5. *Ibid.*, pág. 243.

ce a la espiritualidad para poder descansar en el corazón de Dios.

En Estados Unidos, hoy en día, más del 90% de los ciudadanos creen en un dios o en un poder sobrenatural:[6] hay una fuerza, dicen con convicción, es esencial tener un dios. Nos dirigimos a él con rituales distintos según las culturas, pero para nosotros, estadounidenses, un mundo sin dios es inconcebible. Cada día, el 58% de los creyentes hablan con Dios, sobre todo cuando su vida pasa por un momento difícil. Organizan lugares en los que se reúnen para rezar, decoran lugares para hacer altares y representar dramaturgias dirigidas al Todopoderoso. Casi todos los creyentes están convencidos de que el Cielo existe y de que vivimos después de la muerte. Pero en la actualidad, sólo el 5% creen en el Diablo, mientras que en la Edad Media eran el 80%. ¿Es la creencia en una fuerza sobrenatural sensible a la evolución cultural? Para el 31% de los creyentes, Dios es autoritario, mientras que el 25% sostiene que es bondad. Entre los musulmanes, el 95% afirma que toda desobediencia a Dios será severamente castigada. Esto lo piensan el 80% de hindúes, el 80% de católicos en Perú y el 60% de católicos en Asia.[7] Dios es concebido de distintas formas dependiendo del desarrollo personal de los creyentes y según su contexto cultural.

El Dios universal, tal como lo sienten la mayoría de los seres humanos, se manifiesta mediante una sensación de euforia que nos eleva hacia el cielo por encima de nosotros. Según las personas y según las culturas, este sentimiento recibe el nombre de «fuerza superior», «ángel de la guarda» o «Dios que gobierna nuestra alma», y nos arranca de la inmanencia del aquí abajo.

---

6. Johnson, D., *God Is Watching You*, Oxford University Press, Nueva York, 2016, págs. 61-63.

7. *Ibid.*

4
Las almas atormentadas
Una neurología

Puesto que se trata de una sensación que se siente de verdad, por fuerza debe tener una manifestación cerebral. Hay pues un perfil neuropsicológico de las «almas atormentadas»[1] que se apaciguan elevándose hacia Dios. Hay un cambio neurobiológico en aquellos que creen en Él, que elaboran su representación mediante actividades rituales o hablando de la fe.

En conjunto, los trabajos neurológicos muestran que el hemisferio derecho es la base cerebral de los afectos negativos, excesivamente sensible a las informaciones difíciles. Así, estas personas tienden a buscar un efecto apaciguador en las experiencias espirituales. En cuanto a quienes viven en condiciones adversas, la existencia les inflige cada día agresiones dolorosas a las que el organismo reacciona disminuyendo las secreciones de serotonina (que provoca euforia) y aumentando las tasas de dopamina (que predispone a las respuestas agresivas). Cuando el lóbulo frontal derecho es estimulado por las agresiones, nos sentimos tristes y buscamos hechos que confirmen nuestra forma de ver lo que no va bien. Cuando una descarga epiléptica en el hemisferio temporal derecho difunde ondas eléctricas

---

1. Saroglou, V. (dir.), *Psychologie de la religion. De la théorie au laboratoire*, De Boeck Superieur, Louvain-la-Neuve, 2015, págs. 21-99.

hacia el lóbulo frontal derecho, los pacientes sienten una sensación de muerte inminente.[2]

La asociación de estos datos parece contradecir a quienes acostumbran plantearse el problema en términos de «innato» o «adquirido». Pero los que razonan en términos de procesos dinámicos e interactivos llegan a la conclusión siguiente: cuando la existencia trae cada día su cuota de agresiones, el lóbulo frontal derecho es el más estimulado. Las condiciones adversas han hecho que el cerebro sea sensible a los efectos negativos. El sujeto infeliz necesita buscar explicaciones mágicas para luchar contra su malestar. Pero cuando un entorno familiar y cultural le propone la espiritualidad, esta persona dispone de un arma mental que le ayuda a encontrar el apoyo afectivo, la solidaridad y la trascendencia suficientes para reanudar la vida.

Los ateos tienen un lóbulo izquierdo dominante más bien euforizante, quizás porque han crecido en un entorno en paz. Tienen menos necesidad de la reacción espiritual para defenderse. Mientras que los creyentes que se enfrentan a una existencia difícil en una cultura en guerra o en la precariedad social deben entrenarse para desarrollar un mecanismo de defensa.[3] Cuando estas personas encuentran en su contexto una espiritualidad y una religiosidad, luchan exitosamente contra las dificultades de su vida. La cultura y el cerebro se alían para llevarles a la victoria. Para estas personas la espiritualidad es vital. Los estudiantes religiosos son hipersensibles a las tragedias de la existencia. Se enrolan en actividades caritativas con las que todo el mundo sale ganando. Los estudiantes ateos, menos tocados por las desgracias del mundo, se protegen de las

---

2. Britton, W. B.; Bootzin, R. R., «Near-death experiences and the temporal Lobe», *Psychological Science*, 2004, 15 (4), págs. 254-258.

3. Harmon-Jones, E.; Gable, P. A.; Peterson, L. K., «The role of asymetric frontal cortical activity in emotion-related phenomena: A review and update», *Biological Psychiatry*, 2010, 84 (3), págs. 451-462.

emociones desagradables y se orientan hacia actividades menos trascendentes.

La religión es un fenómeno humano muy importante que estructura la visión del mundo, salva a un gran número de personas, organiza casi todas las culturas... ¡y también provoca muchas desgracias! Para entender esta aterradora maravilla, debemos valernos de distintas disciplinas como la psicología del desarrollo, la clínica del apego, los experimentos psicosociales y los recientes descubrimientos del funcionamiento del cerebro. Estos datos heterogéneos, al coincidir, crean una nueva afectividad: el apego a Dios.[4]

El sistema religioso, cuando se desajusta, causa problemas:

- Culturales: guerras de religión.
- Psicoafectivos: fanatismo.
- Neurológicos: éxtasis delirantes o alucinaciones.

Cuando el desarrollo de la empatía es sano, se instala un freno emocional en la mente del sujeto, que ya no puede permitirse todo cuando entiende que sus pulsiones cuestan caro a su entorno.[5] La empatía, base neurológica y afectiva de la moral, no necesita de la espiritualidad para establecerse. Pero cuando en el creyente cegado por su fe el desarrollo de la empatía se detiene, se convierte en un fanático y en nombre de su único Dios extermina a los infieles.[6] Del mismo modo, cuando los fieles místicos se inflaman y su objeto de amor se vuelve sagrado,

---

4. Burris, C. T.; Petrican, R., «Hearts strangely warmed or cooled: Emotional experience in religions and atheistic individuals», *The International Journal of the Psychology of Religion*, 2011, 21 (3), págs. 183-197.

5. Brunel, M.-L.; Cosnier, J., *L'Empathie. Un sixième sens*, Presses Universitaires de Lyon, Lyon, 2012.

6. Chouvier, B., *Les Fanatiques. La folie de croire*, Odile Jacob, París, nueva edición 2016.

el más mínimo rasguño produce en él el efecto de una blasfemia. Entonces el idealista apasionado prepara el asesinato del sacrílego.[7]

La religión es un fenómeno relacional y social, mientras que la espiritualidad es un prodigio íntimo. Es un acontecimiento extraordinario, profundamente sentido en el cuerpo y, no obstante, separado de la realidad de las cosas y de los acontecimientos. Este sentimiento maravilla a aquellos que sienten un soplo, un vapor extático al que llaman «espíritu» —que ha dado lugar a la «espiritualidad»—. Los que sienten de este modo un acontecimiento invisible y transformador poseen la prueba viviente de la naturaleza inmaterial del alma. Esta experiencia íntima es diferente de la percepción del cuerpo pesado y extendido que tiene una forma descriptible y manipulable experimentalmente. Este cuerpo está en el mundo, mientras que el alma es una verdad invisible, intensamente sentida. Las palabras que hablan del cuerpo designan realidades palpables, mientras que quienes se refieren al alma indican una representación abstracta que da forma a un mundo no percibido. Quizás esto explique el lenguaje poético y metafórico de los textos religiosos.

Hoy en el planeta tierra miles de millones de seres humanos acuden cada día a un lugar de oración para vivir su vida religiosa. La espiritualidad, ese sentimiento de una verdad sobrenatural, se puede vivir en otros lugares. Lo que acabo de describir es algo muy común, ya que todos hemos tenido la experiencia del sueño, cuando nuestro cuerpo, inerte dentro de la cama, está separado de la realidad, mientras que nuestra alma vive una intensa experiencia emocional angustiosa, fantasmagórica o erótica.

---

7. Saint Victor J. de, *Blasphème. Brève histoire d'un « crime imaginaire »*, Gallimard, París, 2015.

El efecto de la creencia en Dios es beneficioso para el cuerpo y para la mente, como lo demuestra el restablecimiento en los ansiosos, en cuanto se tranquilizan, de las secreciones neurobiológicas y su funcionamiento cerebral.[8] El malentendido nace cuando cada religión propone su ficción explicativa. Para unos, el mundo fue creado en seis días y Dios, como un hombre, descansó al séptimo. Para otros, Dios se apareó con una diosa, un hombre vivo nació de su muslo... o del barro... cayó del cielo, o se separó de los animales...

Todas las religiones socializan las almas y dan seguridad a los corazones, pero sus ficciones explicativas diferentes causan a menudo una sensación de sacrilegio. El que no cree lo que cree la mayoría se encuentra en una situación de disidencia, de infiel o incluso de blasfemo. Paradójicamente, la mera existencia de un infiel refuerza el sentimiento de pertenencia de los creyentes normales, quienes, al sentirse amenazados, se reagrupan para defender a su Dios. Toda persecución de un grupo de creyentes refuerza su religiosidad.[9] Podemos afirmar incluso que un grupo de creyentes busca ser perseguido para reactivar su solidaridad religiosa. «Durante mucho tiempo, la Inquisición se asoció a la persecución y a la condena de herejes. No obstante, los disidentes de la Iglesia católica no fueron los únicos perseguidos. Muchos magos y brujas fueron víctimas de la justicia pontifical. Así nació la famosa caza de brujas».[10] Al objetivo de salvar a las almas y conservar la cristiandad se une la intención oculta de tomar el poder presentándose como

---

8. Beauregard, M.; O'Leary, D., *Du cerveau à Dieu. Plaidoyer d'une neuroscientifique pour l'existence de l'âme*, Guy Tredaniel Editions, París, 2015.

9. Aydin, N.; Fischer, P.; Frey, D., «Turning to God in the face of ostracism: Effects of social exclusion of religiousness», *Personality and Social Psychology Bulletin*, 2010, 36 (6), págs. 742-753.

10. Le Fur, D., *L'Inquisition. Enquête historique, France* XIIIe-XVe *siècle*, Tallandier Poche, París, 2012, pág. 125 y pág. 15.

perseguido. La historia de las religiones es una larga serie de desgracias en la que los creyentes han triunfado gracias a su unión y al mantenimiento de su fe. Adorar a un hombre clavado a una cruz, venerar a los mártires atravesados por flechas, admirar el coraje de una santa devorada por los leones, exaltarse al oír el relato de los niños pequeños asesinados por los fusiles de los ocupantes, estas desgracias introducen en el texto algunas imágenes horribles con la finalidad de indignar a los creyentes y legitimar su propia violencia. No hay culpabilidad ni vergüenza cuando se mata para defender al Dios sagrado que ha sido insultado.

5
El niño accede a Dios porque habla y porque ama a aquellos que le hablan

El desarrollo de la religiosidad se construye de la misma manera que como se adquieren las lenguas. La primera lengua, llamada «materna», está impregnada en la memoria del niño que incorpora las palabras y las estructuras gramaticales obra de sus ancestros. Durante un período sensible en el que las neuronas están particularmente receptivas a este tipo de aprendizaje (entre los meses veinte y treinta), el niño puede impregnarse de cualquier lengua que se habla en su entorno, a condición de que establezca con ellos una relación de apego.

A menudo, los inmigrantes hablan varias lenguas, pero sólo le hablan a su hijo en la lengua que quieren que se impregne en su memoria. Cuando quieren que su hijo se integre en el país de acogida, es la lengua del mismo la que usan sus padres para dirigirse al pequeño, mientras que la lengua de los orígenes se convierte en la lengua del exilio, de la desgracia o de la vergüenza. El niño, incapaz de aceptar la lengua en la que está sumergido, sólo puede aprender la lengua portadora de la esperanza de sus padres, la del país de acogida.

Y viceversa, cuando los padres sienten felicidad al hablar la lengua de sus orígenes, es esta lengua la que los niños aprenden fácilmente, interiorizando mal la lengua de su país de acogida. La inmersión en la lengua es necesaria, pero no suficiente. Las palabras tienen que vehicular más afecto que información, para que los padres impregnen en la memoria de su pequeño la felicidad de amar un país, una cultura... o un Dios.

El primer apego a la lengua materna y a un Dios familiar se adquiere mediante la impregnación durante un período sensible del desarrollo. Más tarde, el niño podrá aprender otras lenguas y descubrir que existen otros dioses, si lo desea.

Un recién nacido no puede desarrollarse fuera del nicho sensorial en el que ha nacido. Ningún bebé es creyente cuando llega al mundo. Es cuando accede al mundo de las palabras, durante su tercer año, cuando sus padres le presentan a su Dios. Según la forma de apego que ha adquirido en casa, el niño amará a Dios de forma segura, si sus padres le han hablado de él de forma tranquilizadora («Dios nos protege»). Pero temerá a Dios si su familia le presenta a un Dios castigador. De igual forma, recibirá a Dios con indiferencia si está rodeado de relatos religiosos distendidos. Del mismo modo, si el niño llega a sentir odio contra Dios, es debido a este procedimiento de transmisión retórica. Según la estructura verbal de los relatos con los que se le presenta a Dios y de acuerdo con los rituales religiosos de su familia, el niño se impregna de un estilo de apego que caracteriza a su forma de amar a Dios.

A partir del tercer año, el hervidero sináptico se calma, los circuitos cerebrales se fijan bajo los efectos de las presiones el entorno. La memoria autobiográfica aparece cuando, hacia la edad de 6-7 años, el niño es capaz de hacer un relato de lo que piensa acerca de Dios, si siente amor por las representaciones que sus padres le han transmitido, si las teme, si las ridiculiza o las detesta. La transmisión de representaciones se produce mediante relatos y rituales religiosos con los que se accede a Dios. Este método transgeneracional explica la cartografía de las creencias: un bebé que llega al mundo en Egipto tiene más posibilidades de ser musulmán que budista.

Aprender la religión de los padres teje un vínculo de apoyo tan importante como hablar su lengua. El bebé egipcio hablará el árabe de su país y vivirá la religión de sus padres. En adelante, podrá responder a las representaciones verbales que designan los objetos que no están presentes en el contexto. También puede responder a representaciones que designan un mundo metafísico. El niño no accederá a la representación de la muerte hasta los 6-8 años, cuando el desarrollo de su cerebro conecte las neuronas prefrontales de la anticipación con las neuronas de la emoción y de la memoria del sistema límbico. Los relatos que le explican cómo se vive después de la muerte, en el más allá, iluminan su futuro y le dan las recetas morales y de comportamiento para socializarse de acuerdo con la ley de Dios. Una representación metafísica tal existe en todas las religiones bajo la forma de guiones distintos. Esto guía al niño, evita la incertidumbre del futuro y prescribe los comportamientos que hay que tener en la vida cotidiana. Esta representación tiene un efecto tranquilizador y socializador poderoso.

Los niños que se desarrollan en un hogar donde Dios es detestado aprenden también la lengua de sus padres y de sus representaciones hostiles: «En mi familia, nos burlamos de los curas... Me siento orgulloso de pertenecer a un grupo que no se deja engañar». Cuando se llega a la edad de la representación de la muerte, este grupo de personas deberá encontrar otra cosa que no sea Dios y sus rituales para tranquilizar, moralizar y socializar a sus hijos. En su lugar, se propone una utopía social que presenta, también, una vida que está más allá, en un mundo perfecto, como el paraíso profano de los comunistas o el edén materialista de los éxitos financieros.

Los entornos que no ofrecen nada a sus hijos les privan de tutores de desarrollo, y los convierten en seres errantes, sin sueños ni proyectos, en un desierto del sentido donde acechan los gurús.

Después del período sensible de la adquisición de la lengua (meses veinte a treinta), la adolescencia constituye otro período sensible en el que lo adquirido se reformula. Es la edad del conflicto en la que se cambia de relación con los padres para orientarse en otra dirección. Aunque el adolescente conserve la religión de sus padres, lo cual ocurre a menudo, la aparición del deseo sexual lo empuja a abandonar el hogar familiar. No se separa de él, simplemente se siente atraído por el objeto sexual que lo orienta hacia el exterior de su familia. Por supuesto, se enamora, pero este encuentro no se produce por casualidad. El adolescente gobernado por las normas religiosas y las presiones sociales sigue beneficiándose de la protección familiar, que le ayuda a tejer nuevos vínculos sexuales y afectivos cuando se casa con alguien de la misma religión. En este caso, el matrimonio será una fiesta. El padre llevará a su hija al altar y la entregará al marido. Esta transferencia del apego será bendecida por el sacerdote y bien acogida por la sociedad. Pero la adolescencia también es la edad de los abandonos religiosos y de las conversiones que, al desgarrar la familia, privan a la joven pareja del apoyo familiar.

Así, es posible estudiar la adquisición de la religión como un desarrollo. Antes de acceder a las palabras, antes de dominar la representación del espacio que permite llevar a cabo un relato, el bebé se impregna de un estilo de apego que anticipa una forma de amar al Dios de su grupo. Entre los 7 a los 14 se instala una especie de período de latencia en el que le niño ama a Dios de la misma forma que ha aprendido a amar. Este impulso afectivo puede ser confiado, ambivalente o distante. Durante la adolescencia puede amar a Dios incluso más, puede amarlo fuera, en otro hogar, pero también puede sentir un adormecimiento o un rechazo de esta creencia. Durante este período crítico, la forma de amar a Dios se reformula constantemente.

Podemos pensar entonces un desarrollo del sentimiento religioso vinculado a las transacciones entre el cuerpo biológico y su contexto cultural. Por este motivo, la sexualidad sólo se convierte en una preocupación mental cuando el organismo alcanza su madurez endocrina. Una motivación basada en la biología deberá articularse con las reglas sociales y los tabúes religiosos. Los niños que nacen de estos encuentros sexuales llegan a un mundo estructurado por la lengua y las creencias de sus padres.[1] Esto equivale a decir que cada período del desarrollo (infancia, adolescencia, edad adulta y vejez) debe armonizarse con las estructuras culturales del entorno.

Dios no existe en el mundo preverbal de un niño de menos de 3 años. La posibilidad de Dios no puede nacer en su alma, aunque sus padres han organizado su existencia alrededor de esta creencia. Durante el segundo año, el niño entiende que los objetos continúan existiendo aunque no los vea. Sabe que están en otra parte, en un mundo que no percibe y del que puede hacerse una representación.[2] Cuando, hacia los 6-8 años, la madurez del cerebro permite la representación del tiempo, el niño es capaz de construir un relato de su pasado y de integrarlo con el de su futuro. Este camino lo lleva a la metafísica: «Antes de nacer, vivía en la filiación de mis orígenes... después de mi muerte, viviré en otro mundo». Entonces puede encontrarse con Dios, que da forma a esta representación mental.

Las emociones también se desarrollan. El bebé es una esponja afectiva, un cruce de caminos de estímulos que vienen del fondo de sí mismo cuando tiene hambre o frío y del fondo de los que le rodean, cuando están contentos o tristes de ocuparse de él. Hacia la edad de 4 años el niño es capaz de diferenciar entre lo que proviene de él y lo que proviene de los otros. Este

---

1. Kirkpatrick, L. A., *Attachment, Evolution and the Psychology of Religion*, The Guilford Press, Nueva York, 2005.

2. Piaget, J., *La Représentation du monde chez l'enfant* (1926), PUF, París, 1947, traducción al inglés: *The Child's Conception of the World. A 20th-Century Classic of Child Psychology*, Harcourt, Brace y World, Nueva York, 1930.

desempeño sensorial sólo es posible cuando el niño asegurado experimenta placer al imaginar lo que podría ser el mundo de los otros. Cuando no hay alteridad para acompañar su desarrollo, su mundo mental se mantiene autocentrado. Pero cuando a su alrededor el apego invita a descentrarse de uno mismo, el niño ama lo que los padres aman. Se siente seguro por la presencia de aquellos a quienes ama y aprende sus representaciones del mismo modo que ha aprendido su lengua. Esta apertura de las relaciones permite compartir un mundo que no está en el contexto, pero cuya representación causa un sentimiento muy fuerte. «Cuando rezo a Dios con mis padres, experimento el delicioso sentimiento de pertenecer al grupo que me protege», podría decir el niño. En este nivel del desarrollo, el nicho tranquilizador ya no es sensorial, es conductual y verbal: «Me explican las aventuras de Dios y de su profeta, aprendemos las posturas de la plegaria, respetamos los rituales alimentarios que hacen nacer, en nuestro interior, un delicioso sentimiento de pertenencia. Me siento bien con vosotros, compartiendo los mismos gestos e imaginando los mismos dioses». Cuando la cultura codifica la expresión de las emociones, se establece una socialización armoniosa. El niño puede leer los estados emocionales de sus padres (cólera, alegría, tristeza). También puede compartir los sentimientos que experimenta organizando las representaciones (oración, cantos, relatos, velas y vestiduras litúrgicas).

Nuestro sistema nervioso, al desarrollarse en contacto con otros, nos invita a dejar la inmediatez de los estímulos para vivir en un cosmos que aún está vacío. Por fortuna, nuestras figuras de apego llenan este mundo de relatos que representan a Aquél, el que no está ahí. Nadie piensa: «Yo no era nada antes de la vida, no seré nada después de la vida». Todas las culturas proponen un relato: «Me inscribo en una filiación que se remonta a... San Luís..., a África..., a Polonia. Pertenezco a esta línea que se caracteriza por el pelo rubio, por una piel negra, o una creencia en el Dios de los cristianos y de los musulmanes. Puesto que ya existía antes de la vida, lógicamente pienso que existiré después de mi muerte». Es lo más natural del mundo que accedamos al mundo sobrenatural. Nos sentimos identificados y protegidos cuando percibimos a un dios a la vez sensación y convicción: «De pronto supe que Él existía».

6
El duelo y la activación del apego

El apego, pensado y elaborado por John Bowlby,[1] es un sistema observable y manipulable de forma experimental. El bebé preverbal se orienta hacia la persona que lo asegura (madre, padre, niñera) para buscar y mantener una proximidad protectora. Este sistema de apego, impregnado en nuestra memoria biológica, se despierta en caso de alerta. ¿Por qué, durante un duelo, sentimos la necesidad de abrazar a alguien a quien amamos y que sufre la misma pérdida que nosotros? En el Líbano, durante la guerra civil (1975-1990), el padre que iba a trabajar provocaba una angustia difusa: «Quizás no vuelva esta noche».[2] Su regreso, por la noche, era una fiesta. «Está aquí, aún vive, ¡qué felicidad amarlo!». Este sentimiento de pérdida, seguido del reencuentro, es un activador muy eficaz del apego. Pero cuando estamos seguros de ser amados, todos los días, de la misma manera, la seguridad afectiva adormece la mente: «Ya no soporto vuestras felicidades tristes», les decía Cioran a los jóvenes bien educados. Hay que tener un poco de desesperación para experimentar la felicidad de combatirla victoriosamente. «Hay que ser melancólico hasta el exceso, extrema-

---

1. Bowlby, J., *Attachement et perte*, volumen 1: *L'Attachement*; volumen 2: *La Séparation. Angoisse et colère*; volumen 3: *La Perte. Tristesse et dépression*, PUF, Le fil rouge, París, 1978, 1978, 1984.

2. Gannage, M., comunicación personal, Beirut, 2005.

damente triste. Entonces se produce una reacción saludable. Entre el horror y el éxtasis, yo practico una tristeza activa».[3]

Me gusta Cioran, cuyo cinismo me hace reír: con su brutal elegancia dice lo que los neuropsicólogos nos demuestran con sus «parejas opuestas». Demasiado sufrimiento lleva al éxtasis con tanta seguridad como una gran felicidad puede convertirse en dolorosa.

¿Podríamos aplicar el mismo razonamiento al amor de Dios? Cuando él está ahí, todos los días, en una cultura de paz, en una familia entregada hasta la saciedad, no se tiene la ocasión de entender hasta qué punto uno está apegado. Es necesaria una pérdida, un desgarro familiar o un empobrecimiento cultural para que la privación despierte la necesidad de creer en Él y la felicidad de regresar a su amor tranquilizador.[4]

En el duelo se apaga una estrella afectiva. Para retomar la vida, hay que reorganizar nuestra constelación familiar. Del mismo modo, cuando se produce un acontecimiento desgarrador (divorcio, pérdida del empleo, guerra o, a veces, una mudanza), con cada prueba hay que encontrar otros objetos para amar. Pero la palabra «amar» nos orienta hacia finalidades cada vez distintas: no amamos a nuestra madre del mismo modo que amamos a nuestra mujer, a nuestros hijos, como amamos a Dios o nos gusta la cocina. Esta orientación afectiva universal organiza hacia cada objeto una estructura diferente. Al principio, la persona en duelo aún no vive en una nueva familia y flota en su antiguo parentesco, donde falta una figura de apego. El difunto se muere en la realidad, pero no el vínculo que con él se ha tejido. Cuando nos hemos acostumbrado a

---

3. Cioran, E. M., *OEuvres*, Gallimard, Quarto, París, 1995, pág. 1739. [Trad. cast.: *Cuadernos (1957-1972)*, Tusquets, Barcelona, 2000].

4. Bretherton, I., «New perspectives on attachment relations. Security, communication and internal working models», en J. D. Osofsky (dir.), *Handbook of Infant Development*, Wiley, Nueva York, 1987, págs. 1061-1100.

vivir con alguien de quien cada día hemos cuidado, permanece en nuestra memoria. Nuestro cerebro está hecho de tal forma que persevera y se proyecta hacia el futuro lo que se ha inscrito en el pasado.[5] Cuando Catherine perdió a su hijo, de 20 años, que cayó por accidente por una ventana, tuvo que ir al depósito de cadáveres a «ver el cuerpo de su hijo muerto». La habitación estaba helada, los pies del joven muerto salían de debajo de la sábana. «Le obsesionaba la idea de que pudiera pasar frío, así sin calcetines».[6] El hijo, muerto en la realidad, continúa vivo en la memoria de la madre. Este pensamiento, absurdo en la realidad, es lógico en la memoria en el que el hijo se inscribe. Un hombre tiene frío en los pies si no lleva calcetines. Esto es frecuente en el fenómeno clínico de la extremidad fantasma, cuando el paciente sufre realmente del miembro amputado. Las alucinaciones del duelo son frecuentes en la memoria de las personas en duelo. Las viudas aún le dirigen la palabra al marido muerto, le ponen un plato en la mesa y lo oyen respirar durante la noche en la cama. En este momento, la pérdida aviva la necesidad de llenar el vacío mediante una representación sobrenatural, tranquilizadora y protectora. El llamamiento a Dios se impone como una necesidad urgente, y la cultura en la que sobrevive la persona en duelo propone lugares de oración, encantamientos, representaciones, perfumes, cantos, vestidos, gestos y reuniones que dan forma a este llamamiento y llenan la falta dolorosa.

La religiosidad individual debe articularse con la religiosidad cultural para poder ser eficaz. Después de una angustia metafísica, la religiosidad sirve para revalorizar la autoestima, controlar la adversidad, aportar algunas certezas para or-

---

5. Fraley, R. C.; Shaver, P. R., «Loss and bereavement», en J. Cassidy, P. R. Shaver (dir.), *Handbook of Attachment*, *op. cit.*, págs. 735-759.

6. Servin, C., *Abécédaire d'un parent endeuillé*, L'Harmattan, París, 2016, pág. 39.

ganizar la conducta y atribuir un sentido al destino que nos abruma.[7]

De forma general, la religión es una característica del entorno que nos rodea. Basta con respetar las normas para sentirse integrado, aceptado por aquellos a quienes amamos. Si deseamos ser amados por las personas cercanas, hay que mostrar hasta qué punto participamos de los rituales. Las reuniones de creyentes ofrecen la ocasión de expresar la fe, obtener la aprobación de los otros, y a veces, su admiración. Nos proporcionan el andamiaje que sostiene la autoestima, momentáneamente maltrecha por una prueba de la existencia: «Erraba como un alma en pena, pero después de ir a la mezquita me he sentido apoyado por las plegarias codo con codo, los rituales de purificación y elevación de mi alma». Este sentimiento de religiosidad íntima apuntalado por la religiosidad del entorno es distinto de la sensación metafísica de la existencia de Dios. Estas dos emociones pueden estar disociadas, podemos creer en Dios sin ir a la iglesia y viceversa. Cuando la religiosidad íntima se armoniza con la estructura religiosa de la cultura, sentimos claramente la cohesión que da confianza y socializa. De pronto, nos convertimos en un ser moral, valorado por el grupo, mientras que antes de la ceremonia «errábamos como un alma en pena». Cuando estas dos religiosidades, íntima y cultural, se armonizan, la valoración de uno mismo recibe un fuerte apoyo.[8]

Cada personalidad tiene una estrategia de socialización propia. La mayor parte acepta los valores del grupo, pero otros se personalizan diferenciándose de ellos. Se afirman como

---

7. Saroglou, V. (dir.), *Psychologie de la religion, op. cit.*, pág. 54.

8. Gebauer, J. E.; Sedikides, C.; Neberich, W., «Religiosity, social self-esteem, and psychological adjustment: On the cross-cultural specificity of the psychological benefits of religiosity», *Psychological Science*, 2012, 23 (2), págs. 158-160.

creyentes en un contexto en el que la religión no es un valor prioritario, o viceversa, se declaran no creyentes en una cultura en la que el conformismo religioso estructura al grupo. Esta estrategia, en la que la oposición se convierte en una afirmación de uno mismo, caracteriza a la adolescencia, pero también muestra la dificultad de acceder a la autonomía mental para un joven que sólo puede definirse oponiéndose.

Cuando se llega a la edad en la que entendemos la idea de la muerte (hacia los 6-8 años), cuando la madurez cerebral hace posible la representación del tiempo, descubrimos que nuestra existencia tendrá un fin sin remedio. Algunas personas se resignan y otras se indignan. Estas personas sienten como un escándalo el fenómeno natural que conocen inevitablemente las plantas, los animales, los seres humanos e incluso los planetas. En términos metafísicos podríamos decir: «Sé que la muerte existe, pero puesto que recuerdo que he existido durante toda mi vida, me represento mi vida después de la muerte». Desde el mismo instante en que uno cree en una vida después de la muerte, debe controlar su vida antes de la muerte para poder tener una eternidad confortable. Mi existencia ya no está desordenada, se organiza en torno a este proyecto: «Sé lo que hay que hacer... Basta con obedecer a las leyes divinas y servir al grupo para ser moral. Algunas recetas rituales de la conducta apaciguan la angustia, hacen desaparecer mi errancia intelectual y me dan certezas. Tengo la impresión de gobernar mi vida obedeciendo a las leyes divinas que nos gobiernan, pero también sé que gobierno al Dios que nos gobierna. Basta con obedecerle, hacer algunas ofrendas alimentarias y, en caso de angustia, ofrecerle algunos sacrificios. El mundo es claro, sé qué hay que hacer y a dónde ir. Mi vida tiene un sentido, la controlo, me siento libre obedeciendo».

7
La necesidad de Dios y la pérdida

La religión es un fenómeno profundamente humano que resulta de la convergencia de múltiples determinantes. El cerebro, esculpido por las presiones afectivas, da una visión del mundo particular. Las tradiciones que estructuran las actividades culturales proporcionan a los niños sus primeros tutores de desarrollo. Los relatos transmiten estas representaciones múltiples. La creencia religiosa es pues un fenómeno adaptativo biológico, afectivo, social y cultural que nos aporta enormes beneficios socializadores. Esta constatación nos hace preguntarnos: «¿Si la religión no existiera, podrían otros procesos reemplazarla?».

Las presiones afectivas que acompañan al desarrollo de un niño preverbal se organizan mediante las creencias de los padres. Es difícil pensar que el niño, en esta etapa, sepa lo que es una experiencia espiritual. Puesto que aún no habla, sólo puede percibir los gestos y mímicas que le rodean sin entender su sentido. Se trata del significado inmediato, pero no es hasta la edad de los relatos, hacia los 7 años, cuando podrá hacer una historia de estos gestos y acceder al significado trascendente de los rituales religiosos.

Cuando nuestro mundo se vacía, los niños prenarrativos lo llenan con objetos que representan a la madre tranquilizadora ausente. Ponen en su lugar a amigos imaginarios a quienes se lleva de paseo o que pone sobre su almohada. Aún habrá que esperar algunos años para llenar ese mundo invisible con historias maravillosas o trágicas, inspiradas por los relatos de sus padres. Poco a poco, gracias a las secuencias «separación-reencuentro», llenará esta ausencia mediante las figuras de apego impregnadas en su memoria, pero que ya no están en su contexto: «Mamá no está ahí, pero en mi memoria está el recuerdo de su regreso. Me basta con llenar el vacío momentáneo con objetos que la representan (una prenda, un chupete, un peluche) para no desesperarme, abandonado en un mundo desertificado». Cuando el pequeño aprende a utilizar un «objeto transicional»,[1] sabe llenar su mundo poniendo un objeto que representa a la figura de apego. Más adelante, cuando el niño habla, pone ahí entidades y relatos. Esta representación hace nacer en él un sentimiento que le tranquiliza, le da confianza y le indica la buena conducta.

Los niños que han sobrevivido a un abandono precoz, intenso y duradero nunca han tenido la ocasión de inscribir en su memoria un rastro de apego tranquilizador. No hay información alguna que pueda recordar un momento agradable oculto en su memoria. Todo les da miedo. No pueden apaciguar esta sensación de agresión si no es mediante autoestimulaciones, los únicos rastros familiares tranquilizadores para un bebé que nunca ha conocido a la alteridad. Los comportamientos autocentrados (balanceos, remolinos y autoagresiones) tienen un efecto tranquilizador. Para ellos es imposible inventar un sustituto afectivo ya que no hay rastro afectivo en su memoria. No tienen creatividad transicional, no hay relatos culturales a su alrededor, no hay estrella que dé dirección a su existencia. Sin entorno, flotan como errantes afectivos y sociales. Por este

---

1. Winnicot, D. W., *Les Objets transitionnels*, Payot, París, 2010 [Trad. cast.: *Realidad y juego*, Galerna, Buenos Aires, 1972].

motivo, durante la adolescencia, cuando se encuentran con un gurú que les impone un marco, estos jóvenes, a quienes creíamos insumisos cuando sólo estaban agitados, se apegan aliviados a cualquier ideología extrema.[2] Encuentran en un centro penitenciario, un ejército o una secta el marco de apoyo del que habían sido privados. Como nunca han tenido la posibilidad de construir un apego simbólico a un peluche, a un pueblo o a un objeto significante (escuela, lugar de culto), consiguen separarse de sus impulsos des-socializadores (peleas, delincuencia) y se someten a una regla de hierro que los libera de la angustia de elegir. Al fin, tranquilizados, encuentran confort en un proyecto falso.

Cuando un niño no ha sido ejercitado en la comprensión de que las cosas continúan existiendo aunque él no las perciba, no puede imaginar otro mundo que el que percibe. Prisionero de lo inmediato, únicamente reacciona a los estímulos del contexto. No hay sueños que alcanzar, historias que contar, esta «lobotomía mental» por carencia afectiva y cultural coincide sorprendentemente con las lobotomías funcionales que hoy captamos en la neuroimagen.[3] Cuando las neuronas prefrontales no son estimuladas por interacciones precoces (tocar, sonreír, cuidar, jugar, hablar), las sinapsis entumecidas no se conectan y el lóbulo prefrontal ya no puede inhibir la amígdala rinencefálica (en la cara profunda del cerebro), que es el sustrato neurológico de las emociones intensas de la rabia o del miedo. Un niño moldeado de esta forma por un empobrecimiento afectivo precoz

---

2. Granqvist, P.; Fransson, M.; Hagekull, B., «Disorganized attachment, absorption, and new age spirituality: A mediational model», *Attachment and Human Development*, 2009, 11 (4), págs. 385-403.

3. Cohen, D., «The developmental being. Modeling a probabilistic approach to child development and psychopathology», en M. E. Garralda, J.-P. Raynaud (dir.), *Brain, Mind and Developmental Psychopathology in Childhood*, Jason Aronson, Nueva York, 2012, págs. 3-29.

no puede frenar sus impulsos o reaccionar de forma apacible a las relaciones cotidianas, que siente como agresiones.[4]

Y viceversa, cuando un bebé está rodeado de afecto y de palabras, adquiere una aptitud para separarse de las limitaciones biológicas. Entonces puede experimentar en su cuerpo las emociones provocadas por las representaciones (dibujos, canciones, películas, relatos o ceremonias). Un entorno afectivo y verbal así organiza un nuevo mundo fuertemente representado e íntimamente sentido.

Cuando vamos al teatro o al cine, sabemos que se trata de actores cuya imagen aparecen en la pantalla, pero no podemos evitar reaccionar al artificio tan poderoso que nos hace llorar, reír o indignarnos. Nuestro desarrollo neurológico y afectivo no permite escapar a las limitaciones del cuerpo para acceder al mundo virtual. Desde que habitamos estas representaciones (en el sentido teatral del término), éstas modifican el funcionamiento de nuestro cerebro y sus repercusiones corporales. Quizás sea esto lo que explique que un niño con el cerebro muy alterado, un encefalópata, no pueda preocuparse por Dios, porque no puede responder a los estímulos del contexto. Y viceversa, cuando un niño con el cerebro sano sufre desarrollándose en condiciones adversas, se alivia y dinamiza cuando cree en un Dios que lo protege, aumenta su autoestima e indica la dirección de su felicidad.

En toda existencia, el miedo es inevitable y probablemente necesario. Sin miedo, nos arriesgaríamos innecesariamente, no veríamos el peligro, cosa que haría más probable nuestra muerte. El miedo es un factor de supervivencia, pero el miedo que estimula la amígdala rinencefálica está fuertemente conectado con los circuitos límbicos de la memoria. Esto explica que

---

4. Bateman, A.; Fonagy, P., *Mentalization-Based Treatment for Borderline Personality Disorder*, Oxford University Press, Oxford, 2016.

un niño bien rodeado y bien protegido pueda, cuando menos, tener pesadillas porque se ha alejado demasiado de su madre, porque se ha asustado por un perro o por un acontecimiento extraño. El estímulo que atemoriza, trazado en su sistema límbico, puede volver por la noche como pesadilla. ¿Podría esta hipótesis explicar la hipermemoria de los síndromes psicotraumáticos, en los que el miedo vuelve por la noche en forma de las imágenes torturadoras? Una memoria fijada refuerza la representación de «fantasmas, monstruos, *trolls* y brujas» que funcionan como objetos diabólicos en lugar de los sustitutos de apego.[5] Las representaciones del mundo plantadas en el alma de los niños provienen de sus relaciones, tranquilizadoras o inquietantes. El pensamiento binario está en el origen de toda aventura intelectual: lo conocido y lo desconocido, lo amable y lo malo, el Diablo y Dios. Una vez adultos, relativizamos esta «dupla de opuestos», pero siempre queda un rastro en el fondo de nuestro inconsciente.

Los niños escapan a las presiones paternas más pronto de lo que se cree. A partir de los 6 años, buscan en sus compañeros acontecimientos y relaciones que marcan su memoria y participan de la construcción de su personalidad. Los niños miedosos evitan los encuentros que con probabilidad les provocarán miedo, e incluso los niños tranquilos sufren algunos momentos de malestar inevitables, durante los cuales reactivan la memoria del apego. Vuelven a la fuente recuperando imaginariamente la base de seguridad con la que se apretujaban para tranquilizarse. Por este motivo, cuando sus compañeros, la escuela y el barrio hablan del mismo Dios que el de su familia y comparten los mismos rituales, el aprendizaje de esta deidad solidifica el grupo. Cada miembro de la colectividad, volviéndose familiar, casi íntimo, adquiere un efecto tranquilizador. La ma-

---

5. Saroglou, V. (dir.), *Psychologie de la religion*, *op. cit.*, pág. 214.

dre y el hogar siguen siendo objeto de un apego privilegiado, pero otros vínculos, exteriores a la familia, ayudan al niño a seguir su desarrollo. Los niños sin familia, que no disponen de estos tutores de desarrollo, siempre se sienten solos, incluso en medio de la multitud. Pero cuando la organización social les propone sustitutos emocionales e institucionales, consiguen retomar su desarrollo. Los tutores de desarrollo son puestos al alcance del niño por la familia y por una cultura de paz, mientras que los tutores de resiliencia, sobreinvestidos por el niño que ha sufrido una carencia, hubieran sido secundarios de no ser por la herida.[6]

El niño sano, bien desarrollado en el seno de su familia y de su cultura, pasa por un período biológicamente sensible, hiper receptivo, en el que puede adquirir a toda velocidad el aprendizaje de Dios. En cuanto habla (a partir del tercer año) y accede a la representación del tiempo y de la muerte (entre los 6 y 8 años), puede compartir el Dios de sus padres. Les declara su amor acurrucándose en su mundo mental como se acurruca en sus brazos. Este nicho mental afectivo se convierte para él en un andamiaje, perfectamente tranquilizador, en el que adquiere una certeza, una confianza que lo dinamiza. Pero cuando un golpe de la existencia priva al pequeño de este soporte, la falta de seguridad exacerba la necesidad de una persona que pueda asumir esta función. Cuando un sustituto materno o institucional se encarga de ella, el niño atribuye al tutor de resiliencia una importancia tan grande que le da demasiado peso a este apego,[7] lo cual hace que el vínculo sea, a veces, muy pesado. La oposición «separación-reencuentro» se establece con dificultad, pero cuando el vínculo se hace soportable porque el apego está

---

6. Cyrulnik, B.; Delage, M., «Tuteurs de resilience», *Sciences Psy*, 2016, 8, págs. 116-120.

7. Cyrulnik, B., «De l'empreinte amoureuse au tranquille attachement», en *Sous le signe du lien*, Hachette, Pluriel, París, 2010, págs. 166-204.

bien tejido, el proceso de resiliencia se desarrolla fácilmente. El niño toma la religión de aquellos a quienes se apega, como pasó durante la Segunda Guerra Mundial en los niños judíos escondidos con cristianos y que, después de la liberación, ya no querían ser judíos.

Cuando el sustituto no asegura al niño, o cuando la institución lo aplasta en lugar de acompañarlo, el niño aprende a odiar al Dios de sus guardianes. Sucede que algunas familias o ciertos establecimientos abandonan al niño en un desierto de sentido. En este caso, el pequeño no tiene ningún Dios a descubrir ya que, privado de alteridad, se convierte en autocentrado. ¿Significa esto que el Dios que nos habita proviene del mundo mental de los seres a quienes amamos?

Esta constatación plantea un problema teórico: la deidad sólo puede implantarse en el alma de un niño si el desarrollo de su cerebro lo hace capaz de llenar un mundo invisible de representaciones provenientes de otros. La implantación puede producirse en el marco de una relación afectiva. Este sentimiento de pertenencia es eutrófico: «Amo a mis padres y para compartir el Dios que me presentan basta con llevar a cabo, como un juego muy serio, los rituales que lo hacen presente». De este modo, Dios es felicidad.

Cuando el niño se desespera, esta relación afectiva se convierte en compensatoria: «Estoy solo en el mundo, abandonado, únicamente me siento bien en la iglesia, donde todo está organizado para encontrarse con Dios». En este caso, la necesidad activa el apego a Dios. Las entidades divinas son imágenes, incluso en las religiones en las que está prohibido representarlas. Las bellísimas mezquitas, los emblemas en los que están dibujadas en dorado las suras, las sinagogas rutilantes, están ahí para representar lo irrepresentable. Estos son lugares en los que el encuentro afectuoso, la fiesta o la desesperación llaman a Dios. Nos aferramos a Él, lo recordamos con cada gesto, cada palabra, luchando así contra la desilusión. Los infieles son como agresores porque su mera existencia expone la duda que impide amar a este Dios terapeuta que tanto necesitan los desesperados. La duda disminuye la fuerza de creer y aumenta el riesgo de que vuelva la infelicidad.

8
La teoría de la mente

Leer en el alma de los otros

Algunos no tienen acceso a Dios porque su cerebro maltrecho por una enfermedad o un aislamiento precoz no les proporciona el acceso a una representación del mundo invisible. Los encefalópatas prisioneros de lo inmediato no pueden representarse lo que sucede en el mundo del otro, y no pueden compartir estas creencias. Pueden apegarse a otro que les aporta seguridad, pero no pueden imaginar lo que esa misma persona cree.

Los que no tienen un dios, sin amor ni hostilidad por la deidad, encuentran otros medios para tranquilizarse, explorar mundos mentales distintos y respetar las normas sociales. Los ateos creen en algo, ya que creen que Dios no existe, mientras que los agnósticos consideran que no se puede saber. Cuando nuestras representaciones se alimentan mediante percepciones, las figuras no están separadas de la realidad. Pero a medida que las informaciones se alejan, captamos cada vez menos las referencias a lo real, hasta llegar a un punto en que ya no conseguimos aprehender lo que está más allá de toda experiencia que se pueda tener. La abstracción a este nivel raya el delirio, en el sentido no psicótico del término: «fuera del surco terrestre».[1]

---

1. N. del T.: «delirio», del latin (del latín *de-lirare*, «salir del surco al labrar la tierra»).

Los estudios científicos sobre la «teoría de la mente» vuelven observable y experimentable el modo en que un ser vivo responde a representaciones cada vez más alejadas. Se puede conformar con la imagen percibida y decir que se trata de lo real. Esto a condición de olvidar que esta imagen ya es una reducción, una selección de informaciones reunidas para formar una representación coherente. No tomamos consciencia de casi nada real, nada de los infinitos átomos y nada de las fuerzas que gobiernan el Universo. No somos conscientes de casi nada de las informaciones que percibimos para seguir con vida. Nuestro cuerpo y nuestro cerebro tratan todas estas informaciones (respirar, luchar contra la gravedad, regular la temperatura) sin la menor consciencia. Las pocas informaciones extraídas de la realidad por nuestros órganos sensoriales son reunidas por el cerebro para formar con ellas una representación que llamamos «realidad». La realidad es verdadera de la misma forma que lo son las quimeras: las patas de león, el torso de un toro, las alas de un águila. Todo es verdad en este animal imaginario. «La consciencia [...] nos lleva a preguntarnos por el mundo que nos rodea [...] a cuestionar nuestra razón de ser, en resumen, la espiritualidad».[2] Ésta casi nada llena nuestra vida interior, sus dudas, sus penas y sus esperanzas, que algunos llaman «alma».

La palabra es el vehículo del alma. Pero ¿qué designa cuando nuestro cerebro ya no consigue aprehender lo que está más allá de la experiencia sentida? Quizás designa un mundo invisible que ciertas personas sienten como algo evidente, una sensación corporal repentina, la revelación de que Dios existe.

Nuestro organismo, durante su desarrollo, consigue procesar información cada vez más alejada. El embrión procesa las

---

2. Agid, Y., *L'Homme subconscient. Le cerveau et ses erreurs*, Robert Laffont, París, 2013, pág. 42.

señales psicoquímicas, el feto responde a los movimientos de su madre, a las bajas frecuencias de su voz y a los ruidos interiores. Desde su nacimiento, el bebé percibe el brillo de los ojos y sus sacudidas. A partir del segundo mes, reconoce el rostro de la madre, y luego el del padre.[3] Cuando la palabra aparece durante el tercer año, la sonoridad verbal representa un objeto que se aleja progresivamente. Hacia el séptimo año, los relatos provocan emociones: lloramos porque nos cuentan que nuestra madre ha tenido una infancia desdichada, sentimos angustia del vacío cuando pensamos que no hay nada después de la muerte, como un abismo inmenso. La palabra tiene el poder de alejar las representaciones y de ampliar el mundo mental. Primero designa los objetos del contexto, luego los que no están ahí pero que sabemos que existen en otra parte, luego el mundo invisible lleno de representaciones. Más allá de la experiencia sensorial, hace existir un mundo que, incluso cuando se encuentra separado de la realidad, causa emociones intensas. El poder de lo imaginario nos hace llorar en el teatro, nos conmueve cuando leemos una novela. Pero también es el mundo del delirio, que es la culminación lógica del poder de las palabras. Puesto que nuestros relatos pueden dar vida a un mundo realmente sentido cuando lo real no está ahí, lo implícito de la palabra conduce al delirio, lo cual es prueba de un buen desarrollo. Hasta la edad de 4 años, el niño responde a lo que percibe sin preocuparse de lo que perciben los demás. Es la edad de la asertividad, la convicción absoluta, la afirmación sin reservas de que sólo existe un mundo, el suyo, y de que éste es la verdad. Sólo con el descubrimiento del mundo mental de los otros la experiencia relativiza este saber.

Hacia la edad de 5 años, cuando se desarrolla la empatía, el niño es capaz de descentrarse de sus propias creencias para

---

3. Cyrulnik, B., *Sous le signe du lien, op. cit.*

imaginar que otros también tienen creencias. A los 8 años, el proceso se completa: se es capaz de imaginar lo que otro imagina. A los 12 años, se explica esta divergencia mediante la diferencia entre las personalidades. Muchos adultos siguen creyendo que sólo hay una verdad: la suya. Para ellos, toda otra creencia es una blasfemia.

La aventura de la «atribución de un estado mental al otro» resulta de la observación etológica de los chimpancés.[4] El *grooming*, mal traducido como «despiojar», consiste en lustrar el pelo de un simio de la misma tribu. Este aseo es importante, ya que cuando el pelo está bien alisado, se crea una especie de plumón que protege de las infecciones. Sólo se hacen asear los simios que saben socializarse. El aprendizaje de las relaciones con sus allegados se desarrolla con la maduración del sistema nervioso del pequeño y las interacciones con su madre.

Entre los 2 y los 4 meses, los bebés se colocan en posición de aseo delante de su madre, aunque ésta mire hacia otro lado y se ocupe de otras cosas. Sólo hacia el décimo mes el pequeño espera, observa a su madre y, cuando ve lo que ella ve, adopta la postura de aseo poniendo su espalda delante de ella. Este guión de comportamiento nos permite comprender que es necesario cierto grado de madurez psicológica para que el pequeño busque indicios en el cuerpo de su figura de apego. Cuando los recoge, adapta su propio cuerpo anticipando el aseo materno. A este nivel de psiquismo, no podemos hablar de atribución de creencias, pero podemos afirmar que el pequeño ha aprendido a tratar las informaciones emitidas por la postura materna significativa: «Cuando ella está en esta postura, podrá asearme». Se trata de una atribución de intenciones, no de una creencia.

---

4. Plooij, F. X. «Some basic traits of language in wild chimpanzees», en A. Lock (dir.), *Action, Gesture and Symbol*, Academic Press, Nueva York, 1978.

Al mismo tiempo, otros dos primatólogos se preguntaron si los chimpancés tenían una «teoría de la mente».[5] La elección de la palabra «teoría» ya es una interpretación de hecho, ya que se trata de contemplar una escena de teatro (*thea*= «espectáculo») y de extraer de ella una observación (*oros* = «que observa»).

En un experimento preocupante, un científico entra en un recinto reservado a los chimpancés. Los animales, desconfiados, se mantienen a distancia, se interesan por el investigador cuando éste se dirige hacia una caja de donde saca bananas y pasas. Al tercer día, cuando entra en el recinto, los simios se precipitan hacia la caja. Vuelve un cuarto día, con una cinta en los ojos. Ese día los simios tienen reacciones diferentes: algunos se ponen a gemir llevándose las manos a la cabeza, otros empujan al investigador hacia la caja y algunos intentan quitarle la cinta de los ojos como si, capaces de empatizar, hubieran pensado: «Con una cinta en los ojos no podrá encontrar la caja».[6] La misma cinta sobre la boca o sobre la frente no causa las mismas reacciones. Los chimpancés se han puesto en el lugar del hombre que no puede ver. Han entendido preverbalmente, han extraído cognitivamente información que les ha permitido representarse el mundo del otro.

En los seres humanos, la palabra descontextualiza mucho más las informaciones. Los sentimientos son provocados por un relato, la representación verbal de un acontecimiento causa una cólera por algo que sucedió hace mil años: «Los árabes profanaron la tumba de Cristo». Este enunciado causó la indignación de las masas y legitimó la primera cruzada (1096). Del

---

5. Premack, M.; Woodruff, G., «Does the chimpanzee have a theory of mind?», *Behavioral and Brain Sciences*, 1978, 1 (4), págs. 515-526.

6. Premack, D., «Does the chimpanzee have a theory of mind ?», en R. Byrne, A. Whitten (dir.), *Machiavellian Intelligence: Social Expertise and the Evolution of Intellect in Monkeys, Apes, and Humans*, Clarendon Press Series, Oxford Science Publication, Oxford, 1989, págs. 160-179.

mismo modo, es un acontecimiento que sucederá más tarde, de forma inevitable, lo que causa nuestra angustia: «Un día moriré». La habilidad cerebral para descontextualizar cada vez más las informaciones lleva a proyectar en un futuro que no percibimos los rastros mnésicos de un pasado percibido. Respondemos al guión que imaginamos, pero lo que imaginamos es una mezcla de nuestra experiencia pasada.

Un niño maltratado en su casa se adapta al cuerpo y a las palabras de los maltratos de sus padres mediante respuestas conductuales de protección que se inscriben en la memoria. Cuando un niño así es dado a una familia de acogida, espera que este nuevo hogar manifieste comportamientos similares a los de sus padres. Se protege, los evita o se enfrenta con ellos, aunque esta familia no lo agreda de ninguna forma. El comportamiento del niño se adapta al pasado inscrito en su memoria, pero no se adapta a su nuevo contexto familiar. Responde a lo que espera mediante reacciones adquiridas durante el maltrato del pasado.[7]

Hacia la edad de 7 años, cuando la madurez cerebral le da acceso a la representación del tiempo, el niño que ya ha vivido muchas experiencias espera vivir experiencias iguales después de la muerte: «Cuando era amable y obediente, mis padres eran adorables. Cuando hacía tonterías, se enfadaban». Cuando el niño oye a su alrededor un relato cultural que da forma a lo que pasará después de la muerte —«si has obedecido los preceptos divinos, irás al Paraíso, pero si has pecado, irás al Infierno»—, está preparado para creer en él.

Un chimpancé no es sensible a un relato como éste. No obstante, a veces rompe una rama, le quita las hojas para hacer un palo que arrastra varios quilómetros hasta llegar al termitero.

---

[7]. Bretherton, J.; Munholland, K. A., «Internal working model in attachment relationship: A construct revisited», en J. Cassidy, P. R. Shaver (dir.), *Handbook of Attachment, op. cit.*, págs. 89-111.

Concienzudamente, mete su «caña de pescar» en una grieta de la pared, espera sin moverse y la retira delicadamente para degustar las termitas que se han pegado a ella.[8] Este animal ha respondido a informaciones totalmente ausentes del contexto. Al fabricar una herramienta y transportarla durante horas para procurarse un manjar, ha respondido a un concepto operatorio. No vivía únicamente en el mundo de las adaptaciones reflejas, vivía ya en un mundo de informaciones pasadas y por venir. Sus representaciones no eran verbales, pero con las imágenes adecuadamente ordenadas ha podido entender una serie de experiencias pasadas y planificar una acción en el futuro. Hay pues una gradación entre los animales que sobreviven adaptándose a las necesidades inmediatas y los seres vivos que saben elaborar una representación de imágenes.

Nuestros hijos experimentan esta forma de desarrollo. Primero, no hay nada más que la presencia sensorial de los otros. Unos meses más tarde, son capaces de atribuir intenciones a su figura de apego: «Cuando mamá frunce el ceño, sé que se va a enfadar... Cuando se acerca sonriente, entiendo que quiere darme un beso...». Sólo cuando ha llegado a la edad de los relatos el niño es capaz de representarse las representaciones de otro y de atribuirle una creencia. Le gusta compartir un proyecto imaginario anunciado por una figura de apego, pero se crispa cuando alguien expresa una creencia distinta a la suya. Para aceptar la alteridad hay que pensar en uno mismo como en otro cualquiera, hay que sentirse fuerte y personalizado para soportar una diferencia.

---

8. Eibl-Eibesfeldt I., *Éthologie. Biologie du comportement*, Naturalia et Biologia, París, 1972.

9
Cómo sería el mundo si no tuviéramos palabras para verlo

El camino hacia la abstracción parte del mundo sensorial y toma forma progresivamente bajo los efectos de la doble limitación de la maduración cerebral moldeada por las presiones del entorno.

Los perros entienden nuestras palabras, les gusta que les hablemos. Pero ¿actúan las palabras sobre su mundo mental de la misma manera que como lo hacen para un bebé? Cada verano voy a pasar algunos días a la montaña, en un chalet de un amigo que tiene dos magníficos *setters* irlandeses. Les da la señal de la marcha en la montaña con un sonoro: «¡Vámonos!». Los perros arrancan como si se tratara de los 100 metros lisos, van directos hacia la puerta y alternan la mirada entre el pomo y su dueño, que se levanta y se pone la gorra. Como yo intento tener una mentalidad experimental, al día siguiente, cuando mi amigo aún estaba en su sofá, le puse la gorra en la cabeza. Los perros se levantaron, preparados para el *sprint*, pero miraron poco el pomo de la puerta. Al día siguiente, puse sobre la cabeza de mi amigo el libro *La Edad de los locos*, que estaba leyendo. En seguida, los perros se levantaron atentos a lo que para ellos era una señal de salida. Respondían a un rastro inscrito en su memoria que presagiaba un acontecimiento por venir: «Cuando nuestro dueño se pone algo en la cabeza, podemos esperar que abra la puerta». Llegué a la conclusión de que los perros responden a una señal de fiesta y no al contenido del libro de Moscovici[1] que yo había puesto encima de la cabeza de mi amigo. Pero cuando dije «vámonos», los perros estuvieron seguros de cuál era el siguiente acontecimiento.

De hecho oyeron más bien el sonido *vámonos*. Es la prosodia, la música de las palabras, lo que anuncia la fiesta que vendrá.[2] Un niño en la misma situación entiende «vamos», es decir, el paseo que vendrá y la manera de pasear, anunciado por la doble articulación: «nos» = conjunto; «ahí» = allí; «vamos» = caminamos. Los perros oyen el sonido *vámonos*, señal sonora que anuncia la fiesta, lo que, en el plano intelectual, es ya un buen rendimiento. Mientras que nuestros niños, desde los 10-15 meses, antes de dominar sus propias palabras, entienden la doble articulación que anuncia que la fiesta se prepara en grupo.

Algunos años más tarde, nuestros hijos descubren que un adulto puede decir «vámonos» y no ir a ninguna parte. Como ellos también saben inventar juegos de ficción («Seré mamá… tú policía…»), descubren que es posible modificar el mundo mental de otro inventando un guión verbal y conductual. Entonces entienden que el otro puede habitar un mundo de creencias, alimentado por falsas creencias sin relación con la realidad.[3] Estas creencias son extravagancias, «extra-vagan», flotan sobre el agua, cerca del delirio que se sale del surco de la tierra (*de-lirare*). Gracias a un relato sencillo y con un poco de talento, se puede crear otro mundo tan alejado de la realidad sensible que lógicamente se convierte en delirante. Lo implícito de las

---

1. Moscovici, S., *L'Âge des foules*, Fayard, París, 2005.

2. Povinelli, D. J.; Eddy, T. J.; Hobson, R. P.; Tomasello, M.; «What young chimpanzees know about seeing», *Monogr. Soc. Res. Child Dev.*, 1996, 61 (3), págs. 1-152.

3. Csibra, G.; Southgate, V., «Evidence for infants' understanding of false beliefs should not be dismissed», *Trends Cogn.Sci.*, 2006, 10 (1), págs. 4-5.

palabras nos lleva al delirio cuando las dejamos hacer. La palabra posee tal poder de abstracción, que podemos responder de buena fe a relatos separados de la realidad.

Una teoría es un sistema de conceptos abstractos. Al principio, este conocimiento especulativo se alimenta mediante las percepciones reales de gestos, gritos, posturas y palabras que componen un guión. Como en el cine, lo que veo en la pantalla permite pensar en lo que no vemos. Percibo en la pantalla la mirada intensa de un indio que caza un bisonte que yo no veo. El chimpancé, el bebé humano, el espectador de un filme, perciben los indicios que aluden a un segmento del mundo mental del otro. Luego el poder extravagante de las palabras lleva a los que hablan a componer teorías que se oponen a otras teorías, cosa que acaba construyendo un mundo mental que se aleja, a la deriva, de todo mundo sensible.

A mi gato le encantan los escritores y los moribundos. De hecho, lo que le gusta son las masas cálidas y en reposo, junto a las cuales podrá dormirse voluptuosamente. Nosotros, los adultos, masas apacibles y cálidas «escritores» o «moribundos», somos los que no existimos en el mundo de los gatos. Mi gato no puede representarse el mundo de creencias del escritor o de un moribundo. ¿Puede decirse: «Voy a acurrucarme junto al cuerpo de este moribundo para calmar su angustia»? ¿Puede representarse las representaciones abstractas de aquel que va a morir? ¿Puede un gato negro sufrir por el color de su piel pensando: «Creo que él cree que los gatos negros están chamuscados por el fuego del Infierno. ¿Es por eso que es racista y detesta los gatos negros?»? El animal percibe los índices corporales del miedo que ponen de manifiesto el odio del hombre que cree que un gato negro es un representante del Diablo, pero no puede representarse la creencia de este hombre que tiene miedo del Infierno.

La doble articulación permite acceder a creencias falsas y a delirios. Si le digo a mi perro: «Eres mi adorado bastardo», sacudirá su cola porque le gusta que le hablen. Pero si le digo la misma frase con la misma voz dulce a un niño, el enunciado le resultará chocante porque le indicará que no es hijo del que él creía que era su padre.

Muchos animales tienen acceso a una forma de teoría de la mente. Las aves y los mamíferos pueden descodificar las intenciones y deseos de otro. Para ellos, un relato es un largo flujo verbal, una prosodia duradera y no una epopeya o una historia de amor. Pueden reaccionar a la expresión de nuestro afecto o de nuestra hostilidad, pero no pueden indignarse porque la tumba de Cristo ha sido profanada o preguntarse cuál será su vida después de la muerte. Nosotros, seres humanos, gracias a nuestro cerebro descontextualizador y gracias al poder extravagante de nuestras palabras, llenamos nuestra vida psíquica con representaciones y nos preocupamos de la metafísica. Ahí la religiosidad emerge como una consecuencia de nuestras facultades cognitivas.[4]

Todas las religiones creen en una fuerza sobrenatural. Los creyentes sienten la repentina revelación de que hay una fuerza fuera de la materialidad de las percepciones. Para ellos, es una experiencia sensible, inmaterial: «Dios existe, lo sé». A partir de esta constatación el creyente, sea cual sea su religión, construye un relato sobre el origen del mundo, el orden del Universo y la vida después de la muerte. Los arqueólogos nos proporcionan relatos sobre el origen del mundo, los astrónomos cuentan un universo increíble en el que la poesía se mezcla con las matemáticas y los artistas llenan la pérdida de la vida con sepulturas, catedrales, pinturas, novelas o ensayos filosóficos. Luego los creyentes llenan este vacío con representaciones de la eternidad: «La fuerza sobrenatural que ha creado el mundo

---

4. Atran, S.; Norenzayan, A., «Religion's evolutionary landscape: Counterintuition, commitment, compassion, communion», *Behavioral and Brain Science*, 2004, 27 (6), págs. 713-770.

antes de nuestro nacimiento nos hará vivir en otro mundo después de nuestra muerte».

La infancia es un período particularmente sensible a la espiritualidad desde que somos capaces de vivir en un mundo de relatos. Cuando alguien que nos protege nos cuenta una historia metafísica, el mundo se convierte en algo coherente. Luego sólo nos falta aprender cómo hay que vivir. La religión asume esta educación imponiéndonos un *ethos*, una jerarquía de valores y conductas que hay que seguir. Nos ofrece lugares artísticos en los que reforzamos los vínculos de protección y de trascendencia: plegarias familiares, fiestas religiosas, en casa o en edificios que llamamos templos, capillas, mezquitas o catedrales. La representación mental de Dios se convierte en algo viviente durante estos rituales en los que nos reunimos con nuestros allegados y vecinos para hablar de Dios, cantar sus alabanzas, dar las gracias o suplicar su ayuda. Dios ya no es una representación abstracta, ya que sabemos hacerlo vivir mediante la percepción de objetos, vestidos, posturas, cantos e incienso que lo hacen presente.

Los niños, que han tenido amigos invisibles durante el período en que empiezan a hablar, aceptan sin dificultad la presencia de una fuerza sobrenatural invisible. No confunden lo real con lo imaginario, saben desde muy temprano distinguir la ficción de la realidad de un Dios invisible. También saben, como buenos pequeños dualistas que son, aceptar la muerte biológica y la supervivencia del alma, podrán pues convertirse a la vez en científicos y religiosos sin incurrir en ninguna contradicción. Podrán estudiar la biología perecedera del cuerpo y atribuir a Dios su poder terapéutico («me siento bien en la iglesia»), su proximidad («hablo con él cuando quiero»), y su omnipresencia («siempre está ahí»).

10
Cuando cambia el gusto del mundo

No hay que olvidar que hay varias maneras de encontrarse con Dios. En una situación de pérdida dolorosa, la activación del apego es intensa porque el pequeño abandonado necesita encontrar una presencia o una representación tranquilizadora. Entonces va a la iglesia para reunirse con el Invisible, arrodillándose o inventando una oración. Los niños piensan en Dios cuando la familia y la cultura organizan encuentros con la divinidad, pero también cuando se sienten abandonados y lo llaman para soportar la desesperación de vivir en un desierto afectivo.

Cuando ya ha adquirido un gusto por el mundo, una forma de apegarse a las personas, objetos y lugares, el niño generaliza su estilo afectivo y ama a Dios como ha aprendido a amar: el que ha adquirido un apego distante amará a Dios de una forma poco expresiva; el que se ha estructurado mediante un apego ambivalente alternará manifestaciones de fervor y de hostilidad hacia Dios; el niño seguro amará a Dios de forma apacible.

Ante el milagro de vivir, los niños experimentan un sentimiento de espiritualidad desde que tienen acceso a una teoría de la mente. Aprenden la religión bajo la presión del modelo de los padres y de los códigos sociales. Este camino del pensamiento, vinculado a la afectividad, explica por qué el creacionismo es la teoría más accesible para un creyente. Cuando se empieza una aventura intelectual hacia la espiritualidad, parece evidente que el mundo vivo es fruto de una creación sobrenatural. Para pensar en la evolución, hay que adquirir una experiencia vital, es preciso haber topado con las incertidumbres de la realidad y con la infinita variedad de las existencias.

Dios no cae del cielo, echa raíces en una relación afectiva estructurada mediante los relatos del entorno, de la familia y de la cultura. Esta convergencia explica por qué el mero hecho de pensar en Dios crea un sorprendente sentimiento de intimidad.[1] Un cuestionario de apego diseñado para jóvenes fineses de edades entre 7 y 20 años confirmó que el sentimiento de proximidad con Dios, en caso de peligro, enfermedad o pérdida, activa la necesidad de apego y del impulso hacia Dios.[2] Entonces podemos pensar que en caso de una desgracia importante las súplicas son intensas; y cuando salimos de una mala situación, la mínima muestra de gratitud es pintar un exvoto o dar un poco de dinero para el culto.

Cuando la separación se asocia a la esperanza del reencuentro, esta tensión afectiva causa un resurgimiento del apego, pero cuando la separación provoca un desgarro, ya no es posible activar el apego, no es nada más que una pérdida. Ahora bien, la adolescencia es un momento en que debemos separarnos de aquellos con los que nos hemos construido. La aparición del deseo sexual y la necesidad de autonomía invitan a los jóvenes a transferir su estilo afectivo hacia compañeros de la misma edad o hacia compañeros amorosos. En la mayoría de los casos, todo va bien, se mantiene un vínculo con los padres y se aprende a

---

1. Eshleman, A. K.; Dickie, J. R.; Merasco, D. R.; Shepard, A.; Johnson, M., «Mother God, father God: Children's perceptions of God's distance», *The International Journal for the Psychology of Religion*, 1999, 9 (2), págs. 139-146.

2. Tamminen, K., «Religious experiences in childhood and adolescence: A viewpoint of religions development between the ages of 7 and 20», *The International Journal for the Psychology of Religion*, 1994, 4 (2), págs. 61-85.

tejer otro vínculo con el nuevo compañero. Este vínculo reciente reformula el antiguo vínculo añadiendo la sexualidad y la aventura social.[3] Algunos adolescentes se dan de bruces cuando el primer vínculo no se ha tejido bien o cuando la cultura impone la unión sin tener en cuenta las personalidades.

Esto explica por qué la adolescencia es la edad de los cambios de creencia y a veces de rupturas: «Fui criada por unos buenos padres, he conocido el calabozo, los curas que te toquetean y las monjas que gritaban *¡aparece el Diablo!* golpeando mis senos incipientes con una regla. Tenía 13 años, no volváis a hablarme de Dios». Una estudiante iraní explica[4]: «Hasta la edad de 17 años, creía que era indecente mostrar el pelo. Salía de casa con el velo estrictamente colocado, hasta que un día me pregunté dónde estaba la obscenidad. Rechacé el velo. Mi madre me trató de mujer de mala vida».

También es la edad de las conversiones repentinas: «De repente supe que Dios existía y fue un momento de gran felicidad». Algunos adolescentes descubren otros dioses, cosa que precipita la separación de la familia y el desgarro de los vínculos tejidos con ella. El deseo de autonomía que caracteriza a la adolescencia les invita a tomar distancias con sus padres y a depender más de sus compañeros. Se trata de una transferencia del apego, un giro existencial, una nueva orientación en la existencia. Es la edad de las abstracciones teóricas extremas: «El capitalismo crea la es-

---

3. Cyrulnik, B.; Delage, M.; Blein, M.-N.; Bourcet, S.; Dupays, A., «Modification des styles d'attachement après le premier amour», *Annales médico-psychologiques*, 2007, 165 (3), págs. 154-161.

4. Somaye Khajvandi, conferencia en el seminario *Langage totalitaire*, Universidad Paris-VII-Diderot, 7 diciembre 2016. «A los 17 años, empecé a dudar y a cuestionar los preceptos islámicos [...]. El Corán, que para mí era el texto sagrado, se convirtió en un texto amenazador, hostil hacia las mujeres [...]. No me atrevía a hablar de ello con mi familia ya que les habría parecido blasfemo».

quizofrenia». Y de las generalizaciones abusivas: «Eliminemos las prohibiciones sexuales y las neurosis desaparecerán». También es la edad de la intensidad espiritual y de la religiosidad que cambian la antigua relación con Dios.[5] Este cambio existencial no siempre es fácil. La mayoría de las veces todo va bien (70%), pero esto crea un momento de vulnerabilidad en el que el 15% de los jóvenes se dan de bruces.[6] Desamparados, entran en una secta o en un partido extremista que se aprovechan de su desencanto para prometerles el oro y el moro. Al necesitar un marco tranquilizador y desear vivir una epopeya, estos jóvenes son presa del pensamiento apasionado.

Esta estrategia para regular el malestar muestra una carencia cultural. Incluso cuando la familia ha hecho bien su trabajo, cuando el niño ha conocido la felicidad afectiva de compartir la religión de sus padres, el adolescente puede descarriar si la sociedad no disponen a su alrededor de circuitos sociales y culturales que le ayuden a ser autónomo e independiente. Cuando faltan los *boy scouts*, las ONG, los estudios y el trabajo, las sectas acuden para llenar el vacío.

En esta población de adolescentes vulnerables, vemos con frecuencia rupturas amorosas y un alto porcentaje de apegos inseguros.[7] Los adolescentes que están seguros acentúan la fe de sus padres, mientras que los inseguros tendrán más bien tendencia a oponerse a ella. A veces, algunos adolescentes, bien acompañados por su familia y su cultura, tienden a ser

---

5. Hood, R. W.; Hill, P. C.; Spilka, B., *The Psychology of Religion : An Empirical Approach*, The Guilford Press, Nueva York, 2009.

6. Rufo, M.; Choquet, M., *Regards croisés sur l'adolescence, son évolution, sa diversité*, Anne Carrière, París, 2007.

7. Granqvist, P.; Hagekull, B., «Longitudinal predictions of religious change in adolescence: Contributions from the interaction of attachment and relationship status», *Journal of Social and Personal Relationships*, 2003, 20 (6), págs. 793-817.

pasivos y reivindicativos.[8] Puesto que tienen dificultades para ser autónomos, creen que un grupo extremista les ayudará a separarse del nido familiar y se dejan captar por un sistema sectario del que luego tendrán dificultades para salir.

Cuando el adolescente, bien desarrollado, está bien acompañado por una cultura religiosa afirmativa y abierta a otras religiones, será feliz en su fe y se interesará por otras formas de creer. Pero cuando su desarrollo lo ha hecho vulnerable, se enrola de buen grado en un dogma de hierro, y se somete plenamente a una creencia única que conduce al menosprecio de las otras religiones.

Antes de la Segunda Guerra Mundial, había en Alemania una gran epidemia de creencias extáticas. Entre los adolescentes había un furor por enrolarse en las juventudes hitlerianas y a menudo esto disipaba las dudas de sus padres. En 1940 se enroló una gran cantidad de chicas, produjo mucho orgullo que 400.000 mujeres fueran reclutadas como enfermeras. Pero cuando el ejército alemán empezó a sufrir sus primeras derrotas, 300.000 de ellas se convirtieron en combatientes. Las estudiantes y obreras partían hacia el frente completamente eufóricas: «Para mí, Alemania es mi alma [...] es lo que necesito para ser feliz».[9] Algunos meses más tarde, tras el hundimiento de la Alemania nazi, estas mujeres fueron llevadas a grupos de «desintoxicación» (entonces no se decía «desradicalización»). Esta palabra definía el fin de la borrachera que acompaña la entrada en una secta o la recitación extática de un pensamiento extremista.

El apego dura tanto como la vida, pero adquiere formas distintas según el desarrollo y los encuentros que nos van es-

---

8. Portes, A.; Rumbaut, R., «The forging of a new America. Lessons for theory and policy», en R. Rumbaut, A. Portes (dir.), *Ethnicities: Children and Immigrants in America*, University of California Press, Los Ángeles, 2001, págs. 301-318.

9. Pignot, M., *L'Enfant-soldat, XIXe-XXIe siècle, op. cit.*, pág. 96.

culpiendo. El objeto al que nos apegamos muestra la gran necesidad que tenemos de los otros. El vínculo que se teje es el resultado de la unión más o menos armoniosa entre fuerzas afectivas asociadas y distintas, y esto «está en la base de buen número de nuestros apegos a una persona, un lugar, un soberano, una iglesia».[10] Con los encuentros y acontecimiento se construye nuestro estilo afectivo. Es una fuerza en movimiento, un impulso hacia el otro que nos guía e influye en nuestra forma de amar y establecer relaciones.[11] Esta representación de uno mismo da forma visual y verbal a nuestro impulso hacia Dios en términos de apego.[12]

---

10. Bowlby, J., «The growth of a dependence in the young child», *Royal Society of Health Journal*, 1956, 76, págs. 587-591, aquí pág. 588.

11. Feeney, J. A., «Adult romantic attachment and couple relationships», en J. Cassidy, P. R. Shaver (dir.), *Handbook of Attachment, op. cit.*, págs. 355-376.

12. Kirkpatrick, L. A., «Attachment and religious representations and behaviour», en J. Cassidy, P. R. Shaver (dir.), *Handbook of Attachment, op. cit.*, págs. 803-822.

11
Fe, imagen parental y singularidad

La palabra «apego» elegida por Bowlby designa un mundo de objetos heterogéneos: la madre por supuesto, luego el padre, algunos elementos de los hermanos, el perro, la niñera, el instituto, el barrio, el bolso y ¡Dios! Toda palabra posee un halo de significaciones distintas que causan en nosotros sentimientos diferentes. Una emoción necesariamente modifica el funcionamiento del cerebro y la secreción de sustancias neurobiológicas que crean euforia (endorfinas) o ponen en estado de alerta (adrenalina). Algunos objetos mentales provocan sentimientos que inducen ciertas conductas: «Siento por mi madre un intenso amor filial... Expreso mi amor y mi temor de Dios, que me protege y me castiga en caso de falta».

En el mundo mental de un adulto hay necesariamente dos preocupaciones: el amor y el trabajo. El amor de un adulto se orienta hacia diferentes objetos. Debe continuar amando a sus padres, pero también debe apegarse a su cónyuge tejiendo un vínculo de apego modificado por los encuentros sexuales. Debe aprender a amar a sus hijos con una carga afectiva distinta según su sexo, su significación y el momento de su llegada a la vida de la pareja. El amor a Dios en los jóvenes adultos es un poderoso aglutinador familiar, un factor de integración en el pueblo y una elevación de la autoestima: «Soy un verdadero creyente. Soy moral, respeto las normas». Este aglutinador afectivo explica la transmisión de valores en la continuidad cultural. A esta edad, ya no se trata de aprender lo que es Dios, hay que vivir en él. Estas costumbres religiosas dan sentido al trabajo, a los esfuerzos y al abandono de los placeres inmediatos para encontrar mejor la felicidad consagrándose a aquellos a quienes amamos. Esta actitud relacional ayuda a ocupar un lugar entre los familiares, con quienes compartimos el mundo mental y que pueden socorrernos en caso de dificultades.

Al convertirse uno en padre o madre, la fe cambia. Cada uno de los padres influye en el otro, refuerza sus creencias o las atenúa. Pero cuando la pareja se rompe, Dios pasa a un segundo plano. Una de mis amigas brasileñas, al casarse con un judío, se convirtió por él como en una especie de declaración de amor. Pero cuando la pareja se separó, ella se sorprendió de no tener que «desconvertirse». «Desde nuestro divorcio ya no soy judía», me dijo desconcertada.

En Occidente, Dios es una figura de apego. Decimos «La Sagrada Familia», nos dirigimos al «Padre nuestro que estás en los cielos», desde donde lo ve todo, lo sabe todo, protege y castiga. En las iglesias, se le representa con una barba blanca que demuestra su experiencia y una toga que le da un aspecto de dignidad. Así, su hijo tendrá la barba negra y un cuerpo musculado, mientras que María, la Virgen con el Niño, evoca sentimientos de tierna generosidad y de pureza: «Todas las mujeres tienen relaciones sexuales, salvo mamá, que no es una mujer».

En los musulmanes, Mahoma no es el hijo de Dios, es su profeta, como Moisés. Dios es tan poderoso que su fuerza es inimaginable, es terrible. Entonces bajamos los ojos, curvamos la espalda, nos postramos para ganárnoslo y, para acercarnos a él, preguntamos al profeta para que haga de mediador.

Al separar de la función paterna, que protege cuando obedecemos, y el pensamiento que invita a la duda, hay dos actitudes opuestas: creer o debatir. Sea cual sea la forma de Dios, su imagen o su representación imposible, sus profetas portavoces, sus estatuas, sus pinturas o las señales abstractas que lo representan, Dios siempre es una fuerza sobrenatural que protege a los humanos, dicta un código de buena conducta y da consejos paternales: «Si haces lo que te digo, no deberás temer nada en la vida». Una orden soberana posee un gran efecto tranquilizador.

Los sondeos confirman la buena relación que tienen los creyentes con su dios. A la pregunta: «¿Le ayuda la fe en la vida cotidiana?»,[1] la mayoría (55%) responde: «El amor de Dios y su apoyo me ayudan a planificar mi día». Cuando se pregunta: «¿Tiene usted relaciones personales con Dios?»,[2] una gran mayoría (75%) afirma que se dirigen a Dios con facilidad, piensan a menudo en Él, y se preguntan cuál sería su juicio cada vez que el creyente hace una elección.

Parece que los politeístas establecen con sus dioses relaciones más naturales y menos metafísicas. Buscan convencer al dios que actúa sobre la lluvia, el que da buenas cosechas y hace que la tierra y las mujeres sean fértiles. Al actuar sobre la naturaleza, estas fuerzas sobrenaturales permiten sobrevivir confortablemente. Nosotros, hombres naturales que vivimos entre animales, somos capaces de actuar sobre el dios que influye en los elementos que nos permiten sobrevivir. Los chamanes conocen, con este fin, palabras, danzas y relatos que gobiernan a los dioses que mandan sobre la tierra. Por este motivo las divinidades griegas e hindúes se parecen. Representan el mismo poder de actuación sobre la naturaleza y se dejan seducir por las ofrendas humanas, su sumisión y sus sacrificios.

Esta posibilidad de controlar las fuerzas sobrenaturales disminuye la angustia de la muerte, porque el creyente sabe lo que hay que hacer para sobrevivir y «metamorfosearse» después

---

1. Hugues, P. J., *The Australian Clergy: Report from the Combines Churches Survey for Faith and Mission*, Melbourne (Australia), Accorn Press, 1989.

2. Kirkpatrick, L. A.; Shaver, P. R., «An attachment: Theoretical approach to romantic love and religions belief», *Personality and Social Psychology Bulletin*, 1992, 18 (3), págs. 266-275.

de la muerte. Esta seguridad da a los creyentes una personalidad clara y afirmada.[3] Desde este punto de vista, morir no es tan importante; lo grave es no vivir según las normas.

El hecho de consagrarse a un grupo en el que cada uno comparte las mismas creencias refuerza la seguridad, ya que aquellos a los que amamos y admiramos afirman la misma fe. Esta representación es tan tranquilizadora que refuerza el afecto y la solidaridad entre los miembros del grupo: «Somos todos hermanos». Pero cuando este efecto solidarizador se repliega sobre sí mismo hasta el punto de clausurarse, el grupo termina por ignorar a cualquier otra comunidad que tenga otras creencias. Entonces un grupo así se convierte en clan y su moral se pervierte: moral para la gente de su colectividad y perversa, ya que ignora la existencia del mundo de los otros: «Sólo cuenta mi mundo». Cuando no se sabe nada de quienes no comparten nuestras creencias, se proyecta sobre ellos todo lo que va mal en nosotros. Cuando nos sentimos bien, queremos descubrirlos, pero cuando nos sentimos mal, los culpamos de todos los males y el odio se convierte en un veneno del alma.

En un tren, una mañana, René Girard descubrió que en su frente había un pequeño bulto que sangraba:[4] «Voy a morir, estoy seguro». Algunos días más tarde, cuando la biopsia le dijo que era benigno, se convenció de que Dios le había enviado un mensaje que decía: «Tu muerte es inminente, no debes perder ni un segundo, debes ser feliz cerca de mí a cada instante». «Enseguida comprendí —dice Girard— que si salía con vida el recuerdo de esta dificultad sería un apoyo durante toda mi vida, y esto es lo que pasó».[5] La proximidad de la angustia y

---

3. Ventis, W. L., «The relationship between religion and mental health», *Journal of Social Issues*, 1995, 51 (2), págs. 33-48.

4. Girard, R., *Quand les choses commenceront*, Arlea, París, 1996.

5. Poncet, E.; Girard, R., «Penseur de nos rivalités», *Psychologies*, enero de 2007, 369, págs. 87-88.

del éxtasis está en nosotros. Emocionalmente Dios y la muerte funcionan como contrarios.

«¡He aquí el libro de Maurice Blanchot, *El Instante de mi muerte*, un libro de ocho páginas!».[6] Un hombre de 87 años, justo antes de morir, escribe que ya había muerto en 1944. El ejército alemán se encuentra en plena debacle, era el momento en que los soldados errantes cometían crímenes de guerra. Llaman a su puerta. Un joven teniente le señala un paquete destinado a la Resistencia que acaba de descubrir en su sótano. Blanchot entiende que va a ser fusilado. Entonces experimenta un extraordinario sentimiento de levedad, como de beatitud. El encuentro con la muerte lo libera de la vida, siente casi euforia. Entonces, suenan disparos y Blanchot sabe que ha muerto. El joven oficial le dice: «¡Vete!». Blanchot huye y se esconde durante la escaramuza. Cuando un silencio de muerte se abate sobre los campos, sale de su escondite. Algunas granjas arden, en el suelo hay tres cuerpos ensangrentados de campesinos y Blanchot siente vergüenza por no haber muerto. El tormento de esta injusticia tortura al anciano: «Debo mi vida a mi cobardía... me escondí mientras otros luchaban. Hice un pacto con los alemanes, traicioné mis ideales». El éxtasis y la angustia se asociaron; el sentimiento de estar muerto y de haber sobrevivido gracias a su traición le llevó a castigarse, a expiar el crimen de no estar muerto.

Los valores culturales están impregnados en las reacciones emocionales que parecen individuales. A los asiáticos les cuesta pensar el «sí mismo». Nuestra noción de «representación de sí» les parece un problema difícil. Ellos se piensan espontáneamente como individuos en el interior de un grupo, en lugar de personas que se construyen poco a poco. Sus bebés nunca están

---

6. Blanchot, M., *L'Instant de ma mort*, Gallimard, Blanche, París, 2002, en Briole, G., «La memoire, effacement du trauma, traumatisme de l'effacement», Revue francophone du stress et du trauma, 2006, 6 (3), págs. 123-124.

solos, duermen con toda la familia, viven en la habitación en la que el grupo hace su vida cotidiana. Y cuando la madre se ausenta, el nicho sensorial del grupo que rodea al bebé apenas cambia. Cuando los niños han adquirido un apego seguro, los padres les hacen entender que es moral consagrar su fuerza al grupo que los ha estructurado.

En Occidente, donde la noción de persona adquirió importancia a partir del siglo XIII,[7] los padres que han protegido a su bebé le encargan la misión de desarrollarse personalmente y de tener éxito social con la finalidad de que ellos, que le han dado tanto, puedan estar orgullosos.

En Asia, los adultos protegidos por un grupo en el que cada uno es la base de seguridad de su vecino tienen menos necesidad de una relación constante con un Dios todopoderoso. Tienen, como todo el mundo, momentos de vulnerabilidad en los que rezan para pedir ayuda sobrenatural, pero la estructura de las religiones asiáticas no es tan rígida como la de las occidentales: «Naces sintoísta cuando te inscribe en una filiación, te casas como cristiano, es tan romántico... y luego mueres como budista pensando en la metamorfosis del alma que después de la muerte habitará otro cuerpo».[8] Expresándose de esta forma, en forma de una ocurrencia graciosa, muestran su flexibilidad religiosa y su ambigüedad.

---

7. Duby, G., «Pouvoir privé, pouvoir public», en P. Ariès, G. Duby (dir.), *Histoire de la vie privée*, tomo II: *De l'Europe féodale à la Renaissance*, Seuil, París, 1985, págs. 19-44.

8. Masahiro Ayashi, comunicación personal, coloquio *Resilience* en Japón, Kyoto, 29 de octubre-8 de noviembre de 2015.

12
El despertar de la fe con la edad

Freud ya dijo que Dios era una figura paterna.[1] Hoy, los psicólogos de la religión hablan más bien de figuras de apego que toman formas variables según la religión, pero todas tienen por función proteger y dinamizar. Ahora bien, la vejez es un momento de activación del apego a Dios. La muerte que se acerca, la pérdida de los allegados, la vulnerabilidad física y las enfermedades acentúan la necesidad de protección. La representación del tiempo se invierte con la edad avanzada. Cuando se es niño, el tiempo sólo es futuro, identificación, sueños y esperanza. Cuando se es mayor, sólo podemos anticipar el pasado, buscar en la propia historia los acontecimientos que dan sentido a nuestra vida. Y cuando se anticipa el futuro, sólo podemos imaginar la vida después de la muerte. Nos acercamos al Dios que hemos frecuentado durante la infancia. El retorno del apego a Dios despierta el estilo afectivo que habíamos adquirido con nuestra madre, nuestro padre, nuestros hermanos y amigos. Sentimos un placer sorprendente volviendo al pueblo por donde paseábamos descalzos o el edificio del barrio que frecuentábamos con los amigos.

---

1. Freud, S., *L'Avenir d'une illusion* (1927), PUF, París, 1971 [Trad. cast.: «El porvenir de una ilusión», *Obras Completas*, t. XXI, Amorrortu, Buenos Aires, 1976].

El apego a Dios pone de manifiesto nuestra forma de amar al Dios que nuestros padres amaban. Lo hemos adorado o rechazado durante nuestra juventud, nos ha estabilizado durante la edad adulta.[2] Este apego flexible varía según la edad y las condiciones sociales. A partir de los 70 años, el apego seguro disminuye mucho (33% en los mayores, 66% en los niños). El apego distante aumenta en gran medida (52% en los mayores, 20% en los niños). Tan sólo el apego ambivalente sigue siendo constante (15%).[3] ¿Sabiduría o indiferencia? El crecimiento del apego distante no quiere decir que se quiera menos. Simplemente muestra que se ama de otra forma. Ya no nos arrojamos a los brazos de las personas a las que amamos, pero pensamos más en ellos. Nuestro cuerpo y nuestras palabras expresan discretamente la intensidad de nuestro afecto.

El contexto cultural tiene un papel importante en la evolución del apego. Los afroamericanos mayores son distantes en el 83% de los casos, mientras que los anglosajones y los europeos descendientes de africanos son distantes en el 52% de los casos.[4] ¿Significa esto que las condiciones adversas que crean prejuicios o las socializaciones difíciles acaban produciendo en las almas un desgaste?

La pérdida es lo que provoca un resurgimiento del apego. La representación de la muerte próxima modifica el apego de las parejas mayores, la pérdida real cuando se enviuda provoca

---

2. Cicirelli, V. G., «God as the ultimate attachment figure for older adults», *Attachment and Human Development*, 2004, 6 (4), págs. 371-388.

3. Magai, C.; Hunziker, J.; Mesia, S. W.; Culver, C., «Adult attachment styles and emotional biases», *International Journal of Behavioral Development*, 2000, 24 (3), págs. 301-309.

4. Magai, C.; Cohen, C.; Milburn, N.; Thorpe, R.; McPherson ,R.; Peralta, D., «Attachment styles in older European, American and African American adults», *Journal of Gerontology, series b: Social Science*, 2001, 56B (1), págs. S28-S35.

un resurgir del apego a Dios.[5] La inminencia de la pérdida de la vida reactiva la memoria de la gente y de los lugares a los que hemos estado apegados. Volvemos a los amigos de la infancia, recordamos las tonterías adolescentes, nos divertimos con las dificultades superadas, lloramos viendo otra vez la película que nos hizo llorar y recuperamos la emoción de las canciones de cuanto teníamos 20 años.

El apego del pasado es tan vivo que no es raro que los inmigrantes que han vivido casi toda su vida en la lengua del país de acogida busquen ocasiones para hablar la lengua de su infancia. ¡Les da tanta alegría! En cambio, otros buscan evitar la lengua materna cuando les recuerda el sufrimiento y la desgracia que vivieron en sus países de origen antes de emigrar.

Hay una situación clínica que demuestra hasta qué punto los acontecimientos se impregnan en nuestra memoria biológica: es la afasia de los políglotas.[6] Sucede que los bilingües o los que han aprendido varias lenguas sufren un accidente vascular que les hace perder el uso de la palabra. Algunos ya no pueden hablar, pero otros sufren una afasia disociada: son incapaces de hablar las últimas lenguas aprendidas, mientras que se expresan sin dificultades en la lengua de su infancia. A veces, incluso, se recuperan de la afasia por orden de aprendizaje: lengua materna, la más profundamente impregnada, primero, luego con mucho trabajo las más recientemente adquiridas.

Este retorno de las huellas causa un sentimiento de felicidad cuando la infancia ha sido feliz, y un sabor amargo cuando ha sido desdichada. Ahora bien, con la edad, la memoria

---

5. Brown, S. L.; Nesser, M.; House, J. S.; Utz, R. L.; «Religion and emotional compensation: Results from a prospective study in widowhood», *Personality and Social Psychology Bulletin*, 2004, 30 (9), págs. 1165-1174.

6. Lebrun, Y., «L'aphasie chez les polyglottes», *La Linguistique*, 1982, 18 (1), págs. 129-144.

del trabajo se altera cada vez más. Tenemos dificultades para almacenar la información que permite llevar a cabo una secuencia inmediata: «¿Dónde he metido las llaves del coche?». Luego olvidamos información que ya no necesitamos. Cuando las neuronas envejecen, esto es cada vez más difícil. Entonces vemos que hay una especie de resurgir de la memoria impregnada, la más antigua y la más estable. Se olvida el nombre de las personas a las que acabamos de conocer, mientras que los de nuestros compañeros de clase de cuando teníamos 10 años los recordamos sin dificultad. Así, si las plegarias de la infancia crearon momentos deliciosos de fusión afectiva con los padres, el retorno de estas huellas recuerda aquellos instantes felices. ¿Es ésta la razón por la que los mayores son más creyentes que los jóvenes de hoy?[7] Durante las últimas décadas de la existencia, los sondeos han evaluado un verdadero retorno a Dios: el 52% de los mayores vuelven a su fe, mientas que el 8% se desprenden de ella por completo.[8]

Cuando hay una tragedia, un trauma del que el herido nunca pudo hablar, porque no tuvo fuerzas para hacerlo o porque su entorno le hizo callar, asistimos a un sorprendente efecto palimpsesto.[9] «Los alemanes están en la escalera, oigo sus tanques en la calle», dice la madre a su hija asombrada. «Pero, mamá, ¡hace sesenta años que la guerra se acabó!». Es verdad en la realidad, pero no es verdad en la memoria del trauma, impregnada en el cerebro por la fuerte emoción de miedo que vuelve como si acabara de ocurrir. Hay que subrayar que

---

7. Wink, P.; Dillon, M.; «Spiritual development across the adult life course: Findings from a longitudinal study», *Journal of Adult Development*, 2002, 9 (1), págs. 79-94.

8. Cicirelli, V. G.; *Older Adult's Views on Death*, Springer, Nueva York, 2002.

9. Lejeune, A., «Les interactions tardives», en L. Ploton, B. Cyrulnik (dir.), *Résilience et personnes âgées*, Odile Jacob, París, 2014, págs. 76-79.

cuando el traumatizado ha podido explicar el acontecimiento desgarrador, se ha visto obligado a buscar las palabras y las imágenes para producir un relato. De este modo reformula la representación de su trauma, lo cual modifica la connotación afectiva añadiendo una fuente verbal de memoria al recuerdo del horror. Se modifica el recuerdo pasado añadiendo una nueva escritura. El «trauma-nunca-hablado» hace resurgir las huellas, mientras que el «trauma-hablado» reformula el recuerdo añadiendo la memoria de las palabras a la memoria de las imágenes impregnadas por la emoción del horror. Cuando, con la edad, el desgaste normal apaga la memoria inmediata de trabajo, la memoria del pasado resurge. Cuando las huellas de los padres, los amigos de infancia, la casa y Dios han sido felices, el que vuelve es un Dios de felicidad, pero cuando el trauma no ha sido reformulado mediante el apoyo afectivo o los relatos culturales, es un Dios de terror el que vuelve a imponerse.[10]

Cuando el trauma se ha producido por una enfermedad orgánica grave, la creencia en Dios tiene un efecto protector. Cerca de un millar de hombres, casi todos protestantes, de más de 65 años, hospitalizados por cáncer o enfermedades cardiovasculares fueron evaluados con escalas de depresión.[11] Los creyentes se enfrentaron mejor a la prueba. Los negros, en particular, se cuidaron con alegría porque su comunidad religiosa, más cohesionada, les aportaba una ayuda generosa y alegre. Los intelectuales también se defendieron bien, porque

---

10. Hazan ,C.; Shaver, P. «Broken attachments. Relationship loss from the perspective of attachment theory», en T. L. Orbuch (dir.), *Close Relationship Loss : Theoretical Approaches*, Springer Verlag, Nueva York, 1992, págs. 90-108.

11. Koenig, H. G. *et al.*, «Religious coping and depression among elderly, hospitalised medically ill men». *Am. J. Psychiatry*, 1992, 149 (12), págs. 1693-1700.

su mundo mental no estaba preocupado exclusivamente por la enfermedad y la muerte: sus lecturas los abrían al mundo, se encontraban con los demás y debatían. Los japoneses, durante un tiempo, explicaron que ellos habían sabido superar mejor la tragedia de Fukushima porque bebían sake. Entonces se vio que no era el alcohol lo que les había ayudado sino los rituales de encuentro en los que discutían con amigos. En conjunto, las mujeres y los pobres aman más a Dios que los hombres y los ricos.[12] Pero en caso de desgracia, los hombres pueden reencontrarse con Dios y hablar con sus amigos.

En la universidad de la tercera edad en Toulouse, 394 *seniors* participaron en un estudio sobre los «factores de éxito en el envejecimiento».[13] Quienes después de la infancia tuvieron una actividad intelectual intensa se declararon satisfechos con la vida que habían tenido. Se proclamaban «tan felices como cuando eran jóvenes» (79%). Hacían proyectos de futuro (94%) y los más satisfechos eran antiguos buenos alumnos que, tras haber realizado su sueño de tener un oficio y una familia, habían llegado a ser creativos liberados de las obligaciones.

El contexto social y cultural tiene un papel importante en la calidad de la vejez. Cuando los jóvenes son buenos alumnos es que están bien rodeados por un nicho familiar afectivo y estable en una sociedad en paz. Al librarse de las luchas por la supervivencia, este contexto permite concentrarse en el rendimiento intelectual. Es más fácil adquirir un oficio y construir la familia que sigue favoreciendo la estabilización. Y viceversa, los niños de la calle, en un contexto terriblemente adverso, están avejentados, deteriorados y psíquicamente apagados desde

---

12. Kirkpatrick, L. A., «Attachment and religious representations and behaviour», art. cit., págs. 803-822.

13. Bessou, A.; Tyrell, S.; Yziquel, J.-L.; Bosson, C.; Montani, C.; Franco, A., todo el número de de *La Presse médicale*, Masson, 2003, 32 (16), págs. 721-768.

la edad de los 12-15 años. Los obreros y los campesinos, en la época en que el trabajo violento y la guerra estructuraban la sociedad, morían antes de los 65 años. Sólo los oficinistas o intelectuales planificaban su existencia y morían hacia los 75 años. Bismarck, inventor del retrete, fijó a los 65 años la edad a la que los obreros morían, pero los oficinistas, que no eran frecuentes a mediados del siglo XIX, morían más tarde.

En conjunto, se es más religioso cuanto mayor se es.[14] Pero en este grupo de ancianos, los más intensamente creyentes son mujeres, pobres, viudos y solteros, cosa que refuerza la hipótesis de que la falta de apego impulsa la búsqueda compensatoria de Dios. Pero hay que amar a la vida para amar a Dios. Los más viejos, de 90-95 años, cuando ya no tienen fuerzas para vivir, aceptan la muerte y se desapegan de Dios, como si la resignación, la muerte psíquica, antes de la muerte física, suprimiera el impulso hacia él.[15] El síndrome de la pendiente resbaladiza en la que el viejo se deja ir hacia la muerte es a veces agresivo: «Dejadme en paz, dejadme morir»; pero a veces es eufórico: «Estoy bien, dejadme ir».[16] Hay que ser fuerte todavía para ir a misa, al templo o a la mezquita. Hay que sentir amor por la vida aún, a pesar de la tristeza, para no consentir a la muerte. En lo que se refiere a rezar, hace falta que queden fuerzas para esperar. Cuando esta vitalidad se mantiene, el ritual religioso se convierte en un ejercicio de elevación, un éxtasis que nos invita a alzarnos por encima de la realidad dolorosa y acercarnos

---

14. Idler, E. L.; Kasl, S. N.; Hays, J. G., «Patterns of religious practice and belief in the last year of life», *Journal of Gerontology Social Science*, 2001, 56b (6), págs. S326-S334.

15. Cicirelli, V. G., «God as the ultimate attachment figure for older adults», art. cit., págs. 384.

16. Ledieu, P., «Syndrome de glissement, résilience impossible?», 96ª jornadas regionales de gerontología, *Vieillir debout, vous avez dit résilience ?*, Saint-Etienne, 28 marzo 2017.

a una representación metafísica: Dios, Alá, Yahvé, o sus portavoces profetas, santos y sacerdotes.[17]

Esta aptitud para la alegría requiere una energía física que permita renunciar a la vida, y una capacidad metafísica para representarse una ausencia radical. Esto equivale a decir que el impulso hacia Dios es un proceso análogo al que nos invita a la palabra: un índice, un objeto, una sonoridad verbal puesta ahí para representar lo que es imposible de percibir y que, no obstante, sentimos como algo evidente.

Una situación clínica me ayudará a precisar que cuando no se tiene acceso a la palabra (como un bebé preverbal) o cuando se pierde la palabra (como en una afasia), no se puede percibir a Dios. Hace algunos años, un brillante lacaniano sufrió una afasia transitoria: una pequeña trombosis vascular le causó una necrosis en el lóbulo temporal izquierdo y fue incapaz de hablar durante unas horas. Luego, bajo el efecto de los medicamentos y por su buena salud, la vascularización se restableció y recuperó la palabra. En un artículo sorprendente, el psicoanalista escribió sus pocas horas pasadas en un mundo sin palabras.[18] Allí nos cuenta que, cuando desaparece la palabra, el enfermo se somete a los estímulos del contexto. Cuando el médico que se había sentado en su cama para examinarle se aleja, el afásico «se apega a esa masa que, cuando deja la cama, deja un rastro, un surco, como un lugar». El psicoanalista momentáneamente afásico añade: «Para decir "pupitre", lo señalaba con el dedo, [...] yo no era nada más que tensión del cuerpo hacia la palabra». Algunas horas más tarde, cuando su palabra reaparece, ya no percibe el mismo mundo. Su cuerpo se aligera, cuando en

---

17. Koenig, H. G., «Religion and remission of depression in the medical inpatients with heart failure/pulmonary disease», *Journal of Nervous and Mental Disease*, 2007, 195 (5), págs. 389-395.

18. Zlatine, S., «Praxis de l'aphasie : au moment de répondre», *Ornicar?, Revue du Champ freudien*, verano 1985, 33, págs. 65-68.

el mundo sin palabras era pesado: «Ahora que puedo hablar, voy montado sobre un pájaro». Otros enfermos, en la misma situación, emplean metáforas como «tumba» o «plomo» para describir un mundo sin palabras. Cuando vuelve la palabra, «se calzan las botas de siete leguas», «se elevan por encima de las montañas», porque la palabra, en efecto, metamorfosea la representación del tiempo y da acceso a un mundo no percibido, metafísico, el de los cielos a los que nos elevamos para vivir después de la muerte.[19]

---

19. Laplane, D., *La Pensée d'outre-mots. La pensée sans langage et la relation penséelangage*, Les empecheurs de penser en rond-Institut Synthelabo, París, 1997.

13
El apego al dios que castiga

Al recibir la vida, aceptamos el sufrimiento como soportamos la lluvia, el frío, el sol abrasador y las catástrofes naturales. El tormento, la desesperación y la idea de la muerte forman parte de la condición humana. Durante milenios se ha pensado que nuestro paso por la tierra era un valle de lágrimas, como entre dos Paraísos: el que habíamos perdido por culpa de Adán y Eva y el que podíamos reconquistar a condición de haber obedecido los mandamientos divinos. La creencia en una fuerza sobrenatural que vela por nosotros y nos vigila es una adaptación al milagro de vivir y al sufrimiento que ello implica. Gracias a esta entidad vigilante nuestra existencia adquiere sentido, basta con obedecer para ganarse el Paraíso. También en la religión judía el sufrimiento es normal. Al igual que la alegría o la felicidad. Nos adaptamos al tormento como podemos, llevamos a cabo más rituales, vamos a ver al rabino, pero no se combate al dolor de existir. «El vínculo del sufrimiento también es el vínculo de la vida».[1] Durante la Revolución francesa Saint-Just exclamó: «La felicidad es una idea nueva en Europa»,[2] esta frase afirmaba que la felicidad era un proyecto social y no un éxtasis celestial. Es en esta tierra donde hay que trabajar para ser feliz y no después de la muerte.

Todavía hoy hay mucha oposición a esta idea, como si fuera inmoral vivir sin sufrir. Cuando el opio fue descubierto en

---

1. Drezdner, R., *Transmission du trauma de la Shoah, récits, résilience*, tesis doctoral de Estado, Lyon-II, 7 noviembre 2016, pág. 244.

2. Saint-Just, *Discours au Comité de salut public*, 5 marzo 1794.

Mesopotamia, hace miles de años, esta sustancia natural recogida de una adormidera, bella como una gran amapola, causó reacciones ambivalentes. Los médicos griegos y árabes la prescribían con la mayor cautela. Paracelso lo convirtió en un medicamento en el siglo XVI.[3] De entrada, su eficacia contra el dolor hizo de él una prescripción inmoral. Durante las guerras napoleónicas muchos cirujanos afirmaban que una operación no podía tener éxito si el herido no sufría. Para luchar contra el dolor bastaba con operar rápidamente.[4] Los cadetes cirujanos, de 14 a 16 años, aprendían a hacer una amputación a la altura del muslo en menos de tres minutos. En los años 1960 nos enseñaban, en la facultad de medicina, que no había que dar analgésicos a los niños, ya que esto modificaba la expresión de los síntomas, lo cual es indudable. Entonces se hacían puntos de sutura a toda velocidad, se arrancaban las amígdalas con una gran pinza que se hundía en la boca por sorpresa, se reducían las fracturas mientras el niño gritaba. Fue necesaria una larga lucha para abolir esta idea de que el dolor era útil para la cura. El gran médico Velpeau sostenía en 1840 que era «ridículo pensar que una sustancia material podía actuar sobre un sufrimiento inmaterial». Pero cuando la anestesia apareció en el siglo XIX, cambió de opinión y se opuso a Magendie, otro gran nombre que se indignaba porque «los que dan éter emborrachan a sus pacientes, hasta el punto de reducirlos al estado de un cadáver que se corta […] sin ningún sufrimiento […] en contra de la moral».[5]

Dar a luz «sin dolor» fue durante mucho tiempo fuente de indignación de los virtuosos que afirmaban: «Una mujer que da a luz sin dolor no podrá amar a su hijo». Recuerdo haber

---

3. Rey, A. (dir.), *Dictionnaire historique de la langue française*, Le Robert, París, 2012, pág. 2487.

4. Rey, R., *Histoire de la douleur*, La Découverte, París, 1993, pág. 162.

5. *Ibid.*, pág. 193.

tenido que argumentar a favor de prescribir morfina o antidepresivos a los cancerosos en fase terminal. Mis colegas, médicos morales, se indignaban cuando se les pedía ser «camellos» ¡y temían hacer dependientes de la droga a los enfermos que tenían una esperanza de vida de dos o tres meses!

En efecto, el duelo es un sufrimiento que es inmoral no sentir: no se puede saltar de alegría en el entierro de tu madre. No obstante, esto ocurre cada vez más con la muerte moderna. Hace algunos decenios, cuando un hombre o una mujer morían después de días de enfermedad, su grupo llevaba el luto. Hoy, cuando el trabajo de morir dura diez o veinte años tras una larga enfermedad o una demencia de Alzheimer, las familias están tristes de perder a un allegado y al mismo tiempo les invade la alegría de librarse del peso del enfermo. Entonces sienten vergüenza de su alivio y buscan disimularlo.

La tristeza trae muchos beneficios. Las lágrimas apaciguan, lloramos, nos sonamos la nariz y nos relajamos. Muchos adolescentes y poetas buscan las delicias de una pequeña melancolía. La tristeza aviva el retorno de la felicidad que se siente más intensamente porque se ha perdido. La búsqueda de palabras bellas convierte un tormento en bella poesía. Una breve separación causa un resurgimiento del apego; «te he echado de menos, ¿sabes?» se reprochan los amantes separados a los que la rutina afectiva había adormecido un poco. Si nunca hubiera momentos tristes, ¿cómo podríamos saber que estamos alegres? Si nunca estuviéramos cansados, ¿cómo podríamos saber que estamos en plena forma? ¿Por qué la música triste nos provoca un llanto que nos gusta? ¿Por qué la nostalgia, dolor del nido perdido, es tan enternecedora?

La neurobiología nos lo puede aclarar. La activación del sistema del placer (una banda en la base del lóbulo prefrontal) aumenta la secreción de fenilalanina, que es un precursor de la noradrenalina, sustancia del despertar cerebral. Esto explica que un mero placer relacional estimula la secreción de endorfinas que producen sensación de bienestar físico. Pero un exceso de placer, al aumentar la secreción de noradrenalina, facilita el dolor físico y el estado de alerta. Esto equivale a decir que una felicidad extrema puede conllevar un malestar físico, una fatiga, un desamparo o lágrimas de alegría. El hombre siempre feliz no necesita a los demás porque está satisfecho. Se siente solo, abandonado, sin sueños ni proyectos, porque no necesita nada. Una felicidad duradera tiene un efecto desolidarizador que lleva al aislamiento, factor de infelicidad. La infelicidad interviene también en esta balanza emocional. No es infrecuente que una angustia excesiva, al estimular la banda inferior del lóbulo prefrontal, cause un éxtasis repentino, como nos explica Pierre Janet.[6] No podemos oponer la felicidad a la infelicidad: estos dos sentimientos funcionan como un conjunto. Cada uno se alimenta del otro en dos caras de la misma moneda.

Cuando la felicidad constante llega al adormecimiento de la consciencia, o cuando la infelicidad es tan grande que el cerebro se desconecta de toda sensibilidad,[7] se observa una anestesia del cuerpo y del alma. Los niños maltratados se esfuerzan en ser indiferentes y los vagabundos «que viven en la calle rechazan toda subjetividad [...] Un sujeto sin hábitat sólo habita su cuerpo».[8] Cuando no se espera nada de los otros, el cuerpo se vuelve pesado, la anestesia de los sin techo es terrorífica. Estos hombres (a veces, mujeres) erran por la calle con enormes úlceras, heridas profundas y fracturas que apenas sienten. Los opuestos se han separado. Ni felicidad ni infelicidad: nada. Ni sufrimiento, ni vida: nada.

---

6. P. Janet, *De l'angoisse à l'extase*, op. cit.

7. Quide, Y., *Étude de stress post-traumatique: corrélats cérébraux, neuropsychologiques, biologiques et thérapeutiques*, tesis de neurociencias, Tours, 17 de diciembre de 2013.

8. Emmanuelli, X., *Les Enfants des rues. Une clinique de l'exclusion*, Odile Jacob, París, 2016; véase también seminario *Résilience culturelle*, París, 2015.

14
Cuando la prohibición es una estructura afectiva, el castigo es tranquilizador

¿Por qué tiene el castigo un efecto tranquilizador? Cuando nos sentimos mal, basta con autoagredirse o hacerse castigar para sentir alivio. Se araña uno la cara, se arrepiente,[1] se golpea en la frente y el dolor físico causado por la autoagresión es más soportable que el sufrimiento físico.

En el mundo vivo el miedo es un factor de supervivencia. Un mamífero al que le damos antidepresivos no teme a nada. Seguro de sí mismo, no se protege del riesgo de accidentes, del mismo modo que el que se siente abandonado se impacienta y corre en todas direcciones. En ambos casos, la adaptación a la realidad ya no funciona y el animal tiene una alta probabilidad de herirse o ser atrapado por un depredador. Pero cuando la dupla de opuestos funciona, una pequeña alerta incita a buscar protección. El animal se arroja en brazos de un adulto protector todopoderoso y luego, cuando se siente seguro por esta activación del apego, se debate para abandonarlo y explorar al mundo. Cuando la protección surte su efecto, el protector se convierte en un obstáculo, en algo que impide vivir.

---

1. N. del T.: en francés, *se battre la coulpe* (arrepentirse) es textualmente «golpearse la culpa».

Los animales no tienen prohibiciones, en el sentido humano del término, pero podemos decir que la expresión de las emociones de la madre funciona como emociones en el mundo mental de su pequeño. Marie-Claude Bomsel, veterinaria en el zoo del Jardín Botánico de París, explica que, durante la época en que los tigres recién nacidos eran criados con biberón por mujeres maravilladas por la belleza de las pequeñas fieras, se convertían en adultos que no habían aprendido a inhibir el instinto de morder, lo cual los convertía en peligrosos. Cuando la tigresa amamanta a los pequeños y ellos juegan a atacarla o a atrapar su cola, la madre tolera estas agresiones divertidas. Pero cuando la cría gana peso, la agresión ya no es un juego. Entonces la madre enseña los dientes, gruñe y a veces da un golpe con la pata que frena la agresión de la cría.[2]

La aparición de las mamas en el mundo vivo cambia la estrategia de supervivencia. Los peces traen al mundo miles de pequeños para obtener a un solo adulto. La mayor parte de ellos son devorados por depredadores ya que los progenitores no les protegen. Y viceversa, los mamíferos traen al mundo poca prole y le dan mucho valor. Tienen comportamientos de protección y de castigo que dirigen el desarrollo de los pequeños, minimizando de este modo las pérdidas. Cuando el joven obedece, su seguridad aumenta, cosa que da al castigo un efecto protector.

Podemos aplicar el mismo razonamiento a nuestros hijos. La mayor parte de ellos aceptan las prohibiciones preverbales. Cuando la madre considera que el niño tiene un comportamiento peligroso, basta con fruncir el ceño y hacer un chasquido para que el pequeño inhiba rápidamente su comportamiento, baje los ojos y adopte un aire malhumorado. En este

---

2. Bomsel M.-C., *Mon histoire naturelle. Vétérinaire auprès des animaux sauvages*, Arthaud, París, 2016.

estadio del desarrollo, no es necesaria la explicación para que se detenga la conducta de riesgo. Pero un tercio de los niños antes de la edad de la palabra (meses veinte a treinta) no tiene en cuenta este enunciado mímico. Casi siempre son niños que no han podido adquirir la regulación de sus emociones porque han estado aislados de forma precoz a causa de una dificultad familiar o de alguna desgracia (muerte o enfermedad de un padre, precariedad familiar o social). A veces los padres expresan de forma violenta sus emociones e impiden al niño aprender a regular las suyas. El empobrecimiento del nicho sensorial durante los primeros meses de vida le ha impedido estimular su cerebro prefrontal, que inhibe la amígdala del sistema límbico y permite dominar la expresión de las emociones.

Cuando la palabra se establece durante el tercer año, el fruncimiento del ceño aún puede ser suficiente. Pero también deberá añadirse una explicación, un enunciado de la ley: «Esto no se hace... Te harás daño». Después de este estadio el niño protegido sentirá el placer de decir «no» a su madre para encaminarse progresivamente hacia la autonomía. Ahí vemos otra vez dos opuestos: la ley que prohíbe da fuerzas para separarse de la base de seguridad. La prohibición no es pues un impedimento. Al contrario, es una estructura interactiva que, al regular las emociones, protege el sujeto y facilita su socialización.

El miedo al castigo tiene un efecto que promueve la solidaridad y es moralizador. No es el castigo lo que tiene este efecto sino el miedo. El castigo verdadero sólo es sufrimiento y humillación, pero el miedo al castigo, que nos hace obedecer a las órdenes paternas y a las prescripciones divinas, estructura las conductas que se deben tener. Ya que nos da un código de comportamiento y de pensamiento, basta con someterse a él para ya no sentir ansiedad —«sé lo que hay que hacer»— y sentirse moral —«he respetado las órdenes de los que saben, mi padre y Dios»—.

Cuando preparaba el concurso público hospitalario, los jefes de clínica más severos eran los primeros en ser elegidos: «Él manda con puño de hierro. No osaría desobedecerle. Tendré más oportunidades de pasar el concurso». Los docentes que eran «tipos amables» tenían pocos estudiantes inscritos en sus seminarios, como si los jóvenes pensaran: «Al renunciar a los placeres inmediatos, temiendo al jefe de clínica, aumento mis oportunidades de éxito. Ahora sufro, pero más tarde seré feliz». La pulsión empuja a la satisfacción inmediata, pero su inhibición, causada por el miedo al castigo, provoca como su efecto la esperanza —«tendré éxito más tarde»—, la socialización —«tendré un oficio»— y la autoestima —«formo parte de los seres morales capaces de no someterse a sus instintos»—.

Durante siglos, el padre fue el representante de Dios en la familia. Él enunciaba la ley, daba la señal para empezar la oración y los reproches. Durante la época napoleónica, se convirtió en el representante del Estado y luego, cuando la industria se desarrolló, adoptó la función del Padre Castigador. Era a la vez protector y castigador. Él era quien bajaba a la mina durante muchas horas y entregaba todo su salario a su mujer, él iba a las trincheras a morir en el lodo defendiendo su país. Como premio por su protección y por su sacrificio, la sociedad y las mujeres le otorgaban un poder exorbitado: «Callad, papá descansa». Se le servía en la mesa, reinaba el orden cuando se amenazaba a los niños: «Si no te portas bien, se lo diré a papá». La vida familiar se organizaba alrededor del padre, que protegía al grupo a condición de que se sometieran a él. La obediencia, en este contexto, era una forma de vivir en paz en familia, ocupar un lugar en la sociedad y adquirir autoestima.

En caso de faltas veniales o de insumisiones, el castigo permite reparar una mala acción, desagraviar, expiar. Entonces, que te castiguen da esperanzas: «Entendí mi falta, pero voy a redimirme, partiré desde cero, expiaré mi culpa y volveré a ocupar mi lugar en el grupo». En esta estrategia adaptativa, el castigo tiene muchos beneficios, hace subir la autoestima, preserva el sentido moral y resocializa. Permite aprovechar la seguridad y la cooperación del grupo: «Acepto sufrir hoy para ser feliz mañana». El sacrificio eleva el alma, se convierte en una superación del yo y aporta trascendencia.

A veces acontecimientos extraños nos provocan la convicción de que la naturaleza es sobrenatural. Normalmente, no nos maravillamos por el mero hecho de existir, que más bien nos parece una banalidad: «Puesto que existo sin cesar, todos los días, no hay nada de excepcional en ello». Basta con arriesgarse a perder la vida para ver la existencia como un milagro increíble. Para tan sólo existir deben darse coordinadamente un número absurdo de condiciones concretas. Pero algunos fenómenos naturales dan una sensación sobrenatural: el trueno y el rayo, la lluvia que devuelve la esperanza de vivir, mientras que la sequía hace pensar en la muerte. El sol, que cada día roza la tierra escondiéndose en el horizonte, un accidente de coche en el que la providencia nos ha protegido, sólo pueden tener una explicación milagrosa. Cuando hay una inundación, un incendio o una enfermedad que nos atenaza, entendemos que estas fuerzas naturales se han convertido en maléficas. Pero sabemos también que el castigo puede resarcirnos y calmar la cólera de la naturaleza.

Al castigar al malhechor, nos protegemos a nosotros mismos. Al castigarnos a nosotros mismos nos rehabilitamos. En adelante, todo es transparente: «Ya no soy como una cosa zarandeada por la naturaleza, puedo actuar sobre el mundo milagroso que actúa sobre mí, puedo danzar para que llueva, rezar para impedir que el sol caiga sobre la tierra, sacrificar lo que amo para calmar al agresor y expresar de este modo mi sumisión. Puedo castigar al responsable de mis desdichas o puedo castigarme para librarme del mal».

15
El enunciado de la ley circuita el cerebro, los tabúes alimentarios unen al grupo

A menudo se dice que los perversos sienten placer al transgredir la ley, como Don Juan, que se divierte esquivando los códigos sociales o conyugales. Pero ¿dónde están las leyes cuando se vive en un mundo sin Otro? Sólo cuenta el placer propio, la pulsión satisfecha, nada más.

Un psicópata juega a transgredir la ley. Se siente fuerte y menosprecia a quienes se someten a ella. Goza de la profanación, como aquellos chicos que atacan y destruyen lo que representa el orden, así sean la policía, los bomberos, la escuela o las marquesinas. Vulnerables a causa de una carencia educativa precoz, no han podido aprender a regular sus emociones. Erotizan el riesgo de que les atrapen y están eufóricos cuando consiguen escapar. De hecho, sienten la transgresión como un juego de libertad: «Yo no me he sometido».

A los jugadores les gusta el riesgo de perder. Ganar no les interesa, ya que al salir de la sala de juegos dan el dinero a quien sea o se lo gastan de cualquier manera. Lo que los pone eufóricos es la posibilidad de perder, como hacen los jóvenes que se tiran de un puente atados a una cuerda elástica por los pies. Tras el espanto del salto, después de haber sentido el miedo a morir, los invade la felicidad durante varios días, *colocados* por las hormonas del estrés y el efecto rebote de la secreción de endorfinas. Durante toda su vida recordarán con orgullo el momento de miedo superado.

¿Es a causa de todos estos beneficios psicoafectivos que el Dios castigador es un elemento central en las religiones? Durante la Huida de Egipto, el Dios de los judíos, encolerizado, castiga a los egipcios enviándoles las Diez Plagas de ranas, insectos, la muerte de los primogénitos y, finalmente, el ahogamiento del ejército en el Mar Rojo. La furia vengadora de este Dios, al salvar el pueblo judío, exigió como precio de la liberación una obediencia estricta castigando a los ingratos que no se sometieron a su ley.

El Dios de los cristianos se preocupa de los pecados, las faltas contra la ley divina. El objeto de la transgresión es, a menudo, un placer: el pecado carnal, la gula. Y durante la Inquisición, se llegó a odiar la música y a no soportar la risa. El placer de pensar fue combatido como un pecado del espíritu. Morder una manzana, fruto del árbol del conocimiento, era un pecado grave que hacía que el hombre en cuestión fuera expulsado del Paraíso. Se cerraban los ojos, se perdonaban los pecados de juventud, los pecados menores que sólo merecían una reprimenda. La ventaja de este baremo, que jerarquiza el universo de la falta, es que el castigo ofrece la ocasión de expiar, de resarcirse de la infracción. El castigo aligera la culpabilidad.

Entre los protestantes la preocupación es más bien la moral de las decisiones. ¿Es moral comprar la indulgencia para evitar el castigo? ¿Es moral abandonar a los pueblos primitivos en la creencia de un falso dios? ¿Es moral desinteresarse de la persecución del pueblo judío? En un mundo mental así, la gula es un pecado ridículo, una mera debilidad en un entorno que valora el comer poco.

Casi podríamos hablar de racionalización afectiva, que consiste en dar una forma verbal a un sentimiento. «Si me siento bien es porque he respetado las normas divinas. Mis acciones han sido bien juzgadas por parte de la entidad sobrenatural, que me ha recompensado. Así pues, si me siento mal es que algo malo habré hecho». Cuando se construye un baremo de faltas, una gran desgracia revela una gran falta: «Tus padres debieron de cometer un gran crimen para haber sido castigados de este modo en Auschwitz». Una pequeña desgracia es señal de pequeños desvíos: «¿Qué le he hecho a Dios para tener a hijos a los que quiero pero que hacen tantas tonterías?».

Cuando el desarrollo del sistema nervioso da acceso a la teoría de la mente, somos capaces de atribuir una intención a una entidad invisible (un concepto abstracto que consideramos un ser real). No nos parece ni absurdo ni mágico sentir emocionalmente, «de veras», que un poder invisible nos vigila, nos recompensa o nos castiga según el baremo moral de nuestras acciones.

La prohibición se convierte así en el órgano de la coexistencia. Es moral no permitírselo todo, desde el instante mismo en que somos conscientes de la existencia de Otro. El sexo es el ámbito en el que la pulsión debe estar fuertemente regulada por las presiones culturales. El hecho de no someterse a los instintos proporciona la prueba de que podemos escapar a la bestialidad para entrar en el reino de la humanidad. La prohibición del incesto se convierte en la marca del hombre civilizado. Un acto sexual, biológicamente posible, se convierte en algo insoportable cuando la representación del mismo hace de él un crimen muy importante. El hecho de someterse a una representación verbal inhibe la pulsión biológica.

¡Eso es, está claro! Salvo que los pensamientos claros siempre son abusivos. Los animales no prohíben el incesto, pero cuando crecen juntos el vínculo del apego que se teje inhibe el acto sexual que nosotros llamamos «incesto».[1] Y resulta que antes de evitar el incesto, una fuerza les impide comer todo lo que es

---

1. Cyrulnik, B., *Les Nourritures affectives*, Odile Jacob, París, 1993, págs. 149-193.

biológicamente comible.[2] Esta organización del mundo comible es probablemente necesaria para reducir las informaciones y así dar forma al mundo que perciben. Si tuvieran que percibirlo todo, los seres vivos se confundirían, bombardeados por una infinidad de informaciones desordenadas. En cuanto el sistema nervioso selecciona las informaciones, en cuanto las palabras iluminan ciertas partes del mundo, proyectan sombra sobre todo lo que no se dice. Cuando el mundo adquiere una forma, el ser vivo puede adaptarse a él. Éste es el motivo de que un tigre que percibe a un hombre que se desplaza a pie lo «considere» como comida, mientras que si el mismo hombre va en bici, pierde su forma de alimento y ya no estimula el apetito del tigre.

Para nosotros los humanos, que vivimos esencialmente en un mundo de representaciones, las palabras poseen un gran poder de iluminación. Vemos mejor lo que se dice y la connotación afectiva de las palabras desencadena en nosotros emociones profundamente sentidas. Para verificar esta idea, basta con invitar a comer a una amiga y prepararle una carne con salsa que ella deguste con placer. Entonces le dices: «Esta carne que comes, es de tu perrito que acabo de cocinar». Estoy seguro de que gritará de horror y te detestará por haberle hecho transgredir un tabú alimentario: ¡no se come a los perros a los que queremos y con los que hemos convivido durante veinte años!

Todas las religiones estructuran las conductas alimentarias. En las sepulturas neolíticas en las que encontramos símbolos religiosos, los difuntos eran enterrados con sus vestidos, armas y alimentos habituales para que se alimentaran en el más allá. Todas las religiones prohíben ciertos alimentos biológicamente comestibles, pero cuya ingesta es insoportable debido a la representación que se hace de ellos. El pescado, que al principio de la cristiandad

---

2. Fischler, C., *L'Homnivore*, Odile Jacob, París, 1990; y seminario *Le langage* totalitaire, París, 23 de noviembre de 2016.

simbolizaba la pesca milagrosa y el agua del bautismo, organizó los menús del viernes hasta el siglo XX. Comer pescado permitía recordar a Cristo. Los musulmanes sienten rechazo frente a la idea de comer cerdo. En los judíos, el mero hecho de respetar los rituales alimentarios como el *cashrut*, evitar el contacto de la leche con la sangre, el lavado ritual de la vajilla, organizan el funcionamiento cotidiano de la vida religiosa en el hogar.

Las prohibiciones estructuran la vida en grupo y provocan emociones que unifican la colectividad. Cada miembro experimenta el sentimiento de vivir en el mismo mundo, el de la fraternidad, la familiaridad protectora. Ahora bien, las prohibiciones sólo son enunciados. En la realidad, estos alimentos tabú son comestibles. Si un musulmán o un judío se tragan un trozo de cerdo creyendo que es caza, puede que encuentren buena esta carne. Pero basta con decir «comes cerdo» para provocar la repulsión.

La mera representación verbal induce una auténtica sensación de asco, ya que son los mismos circuitos cerebrales los que entran en funcionamiento cuando se come una sustancia podrida o apestosa. El asco, en este caso, es una reacción fisiológica de adaptación a una sustancia que podría ser peligrosa. Es una reacción de supervivencia. La sensación de asco se expresa mediante gestos faciales que traducen esta emoción básica. La neuroimagen hace visible que la correlación neurológica del asco hace virar al rojo (signo de alto consumo de energía) la parte anterior de la ínsula, la parte anterior del área cingular, el córtex temporal inferior, los ganglios de la base, el córtex orbitofrontal y, por supuesto, la amígdala, base neurológica de las emociones intensas.[3]

Basta con pasar una película mostrando el comportamiento asqueroso de un hombre muy sucio, que come haciendo ruido

---

3. Fontenelle, L. F.; Oliveira-Souza R. de; Moll, J., ««The rise of moral emotions in neuropsychiatry», *Dialogues in Clinical Neurosciences*, 2015, 17 (4), págs. 413.

con la boca mientras maltrata a su vecina de mesa, para que surjan en el espectador las mismas expresiones faciales, al activarse los mismos circuitos de sensación de rechazo. «Este tipo me da asco», podría decir el espectador. Ahora bien, se trata de un asco mental, causado por una representación de imágenes que provoca en el cuerpo del observador una sensación real de náusea. Así, podemos explicar que un tabú alimentario, construido por la verbalidad de una cultura —«es un crimen comer cerdo»—, cause auténtico asco experimentado en el cuerpo por alguien que ha interiorizado este enunciado verbal.

El menosprecio es una especie de asco desencadenado, a su vez, por un enunciado moral. Un relato narra la traición de un hombre que finge amar a un personaje divino. Para engañarlo mejor y ganar un poco de dinero, Judas no dudó en dar un beso a Jesús con el fin de delatarlo a los zelotes y librarlo así a la tortura. Este relato causó durante más de mil años la indignación de quienes veneraban al hijo de Dios, su inocente Salvador. Hoy, un mismo guión interpretado de forma diferente ya no causa el mismo odio: Pedro también traicionó a Jesús tres veces, pero pidió perdón, mientras que Judas, creyéndose indigno de ser amado, prefirió suicidarse. Este relato, modificado por la interpretación de los tiempos modernos, ya no causa la misma emoción, y tampoco enciende las mismas zonas cerebrales y no causa el mismo rechazo. Cuando se piensa que Judas traicionó al Señor por ganar treinta piezas de plata, los gestos faciales de los que aman a Jesús y creen en este relato probablemente expresan un furioso desdén. Podemos imaginar que su córtex prefrontal izquierdo y el enlace temporal-parietal están rojos de furor y de indignación virtuosa, como se ha comprobado en los que veían una película representando una traición.[4] Ya no se trata de una reacción de supervivencia adaptada a una sustancia peligrosa, sino de una

---

4. *Ibid.*

reacción de grupo, que se mantiene unido al compartir la misma indignación. El punto de partida de la emoción ya no es una sustancia fétida, es una representación de imágenes y de palabras repugnantes, una creencia insoportable que sirve como aglutinador del grupo, refuerza su cohesión y permite manipularlo como si fuera una sola persona.

Cuando vemos a alguien vomitar en un tren, nuestras neuronas actúan como un espejo y alertan a los circuitos del asco que provocan en nosotros una náusea auténtica.[5] Las zonas cerebrales que consumen energía y preparan para el rechazo de los alimentos son las mismas que las que causan la repulsa hacia aquel que menospreciamos. Basta con ver a alguien cercano menospreciando a un desconocido para sentir algo parecido. Desdeñamos, odiamos a la persona o el pueblo odiado por nuestros allegados, participando así del contagio de las representaciones.[6]

La reacción de adaptación ya no la provoca una sustancia fétida, sino una representación abstracta. Los contagios mentales se sienten de verdad, aunque respondan a representaciones irreales. El beneficio adaptativo es enorme, ya que así podemos sentir las mismas emociones, habitar el mismo mundo mental que aquellos a quienes amamos, un delicioso sentimiento de pertenencia fortificado por la hermandad y protegido por la familia.

Lo malo de esta aptitud es que preferimos no descubrir el mundo mental de los otros, de aquellos que tienen otras creencias o historias extrañas, no comparten nuestras doxas, opiniones comúnmente admitidas. Sentimos, en lo más profundo de nuestro cuerpo, un rechazo de lo diferente, el desdén hacia los

---

5. Rizzolatti, G.; Sinigaglia, C., *Les Neurones miroirs*, Odile Jacob, París, 2008.

6. Sperber, D., *La Contagion des idées*, Odile Jacob, París, 1996, pág. 40.

infieles que no tienen nuestras buenas creencias. Somos morales con los familiares que se nos asemejan, pero somos perversos con aquellos que nos parecen extraños, vivimos en un mundo sin Otro, cosa que es la definición moderna de perversión. Simbolizamos en compañía de quienes habitan nuestro mundo, pero demonizamos a quienes no podemos entender.

16
Se encuentra uno con Dios como ha aprendido a amar

El contagio de los mundos mentales no se transmite de la misma forma según el contexto de apego y la cultura. Los niños que crecen en un entorno religioso no tienen que buscar a Dios porque su hogar familiar lo hace presente todos los días, hablando de él y llevando a cabo rituales. Ponerse de rodillas, salmodiar, adoptar posturas de oración, todo ello actúa sobre la representación en la que se quiere creer.

No les ocurre igual a las personas que se encuentran con Dios durante una «noche de fuego»...[1] Tienen de él una necesidad urgente porque sienten una angustia mortal cercana al éxtasis sublime. Ellos no saben que buscan a Dios. Lo descubren de repente, como una revelación, una imagen, una luz, un acto mediante el cual Dios revela su voluntad e ilumina el mundo.

Por este motivo Dios adopta formas distintas según la forma en que el creyente se encuentra con él. Cuando el grupo es estable y sereno, Dios toma la forma de una fuerza sobrenatural benévola. Algunos jóvenes, eufóricos por un acontecimiento como éste, quieren convertirse en religiosos para compartir su deslumbramiento metafísico. Pero cuando Dios se ha revelado durante un período terrorífico, cuando el enfermo entiende que está a las puertas de la muerte, cuando el perseguido

---

1. Schmitt, E.-E., *La Nuit de feu*, op. cit.

113

descubre el Infierno, la deidad adopta la forma de una entidad protectora a la que el desesperado se agarra como un náufrago a su tablón de madera.

A veces sucede que el creyente se siente torturado por una culpabilidad imaginaria. En este caso, el que cree en Dios dispone de una panoplia de comportamientos de expiación: flagelarse, herirse, morderse los labios, torcerse las manos, golpearse la cabeza contra la pared, dar la mitad de su abrigo, dar su dinero, desnudarse, consagrarse a los otros en detrimento de uno mismo, suspender los exámenes aposta o sabotear sus propias relaciones porque no merece la felicidad. Puede caminar de rodillas en una iglesia e infligirse una infinidad de autocastigos que apaciguan al alma. Cuando la felicidad es insoportable, el sufrimiento alivia.

La gran variedad de entidades divinas nos hace pensar que la religión es una ayuda apacible para quienes hayan adquirido un apego seguro.[2] Aman a Dios con alegría como aman a las personas, sienten felicidad al compartir su felicidad con los más vulnerables. El apaciguamiento que les proporciona la relación de ayuda explica por qué la religiosidad es más fuerte en pobres, viejos, mujeres, los de poco nivel educativo y grupos en los que alguien en posición de dominio impone su ley.[3]

La forma que adopta Dios para cada creyente depende tanto de su desarrollo personal como de la evolución de su contexto cultural. Antes de la Segunda Guerra Mundial, el debate más frecuente en círculos católicos era sobre el pecado. Después de

---

2. Zuckerman, M. D.; Kasl, S. V.; Ostfeld, A. M., «Psychosocial predictors of mortality among the elderly poor. The role of religion, well-being, and social contacts», *American Journal of Epidemiology*, 1984, 119 (3), págs. 410-423.

3. McIntosh D. N., Silver R. C., Worman C. B., «Religion's role in adjustment to a negative life event : Coping with the loss of a child", *Journal of Personality and Social Psychology*, 1993, 65 (4), p. 812-821.

la guerra, el tema central pasó a ser el amor, que hoy es el preferido de los católicos. Los musulmanes, que en Francia votaban más bien a las izquierdas, porque en los años 1950 los comunistas habían apoyado la independencia de Argelia, cambiaron de pronto a la derecha cuando la sociedad reconoció a los homosexuales el derecho a casarse. Para ellos, el matrimonio gay es una humillación, la ridiculización de una ceremonia religiosa esencial para sus creencias. Los ateos aceptan sin problemas la práctica del aborto y del matrimonio gay mientras que los hindúes, los budistas y, sobre todo, los musulmanes se indignan por esta evolución de las costumbres que altera la jerarquía de sus valores morales.[4] Los católicos y protestantes se indignan por las desigualdades sociales, mientras que hindúes y musulmanes se resignan más fácilmente ante este hecho.

Cada grupo religioso se caracteriza por una forma de ver el mundo, pensarlo y comportarse en él. Pero cuando la sociedad se diluye, los procesos arcaicos de socialización resurgen y la ley del más fuerte gobierna de nuevo. Entonces los creyentes se repliegan en el grupo donde se sienten protegidos. Así se establece una moral perversa. Los religiosos son solidarios con quienes comparten sus mismas creencias, pero ignoran el mundo mental de los otros y a veces hasta se alegran de las desgracias que golpean a los que no creen lo mismo que ellos, lo cual se puede considerar una perversión colectiva.

En este sentido, el comunitarismo es una adaptación a los déficits de la cultura. Cuando ya no se pueden fabricar estructuras sociales, cuando nos sentimos mal en un grupo demasiado grande de individuos, entonces nos refugiamos en la familia. Es una defensa legítima, pero en este caso la empatía se detiene. La capacidad de preocuparse por el sufrimiento de

---

4. Malka A., «Religion et attitudes politiques à travers le monde", *in* V. Saroglou (dir.), *Psychologie de la religion, op. cit.*, p. 208-209.

otros ya no es posible a mayor escala, y no podemos ponernos en el lugar de todas las personas del planeta; entonces las dejamos morir.

La culpabilidad que pone freno a nuestras pulsiones tiene pues un efecto moral. Cuando descubrimos que nuestro deseo puede dañar al Otro, la empatía frena el paso al acto: ya no nos lo podemos permitir todo. Los niños tardan varios años en descubrir que los otros tienen un mundo mental diferente al suyo. Este proceso de orientación hacia el otro no sucede si el niño protegido no siente el placer de explorar un mundo distinto al de él. Cuando el nicho afectivo funciona mal, el pequeño permanece autocentrado, ignorante de que existen otros mundos. No entienden que la expresión sin freno de su deseo puede hacer daño al otro. Después de haber sido perversos hasta la edad de 4 años, volvemos a serlo en la cultura de las multitudes. El momento de la moralidad producido por la empatía se sitúa entre el desarrollo débil del yo que hace inaccesible la alteridad y un contexto de superpoblación que causa anomia. ¿Podríamos decir que somos seres morales entre dos momentos perversos? Esto explicaría por qué las religiones, aunque sean morales, también cometen sus crímenes… de forma totalmente inocente, y por qué una persona de bien puede un día convertirse en perversa.[5]

Necesitamos los límites culturales para caracterizar al grupo de pertenencia en el que nos sentimos protegidos. Necesitamos un marco verbal para enuncia la ley que define lo que se puede hacer y nos dice a partir de qué comportamiento nos convertimos en transgresores. La inhibición afectiva adquirida durante nuestro desarrollo se añade a la prohibición enunciada por la ley. La religión asume estas dos funciones: el grupo de

---

5. Cyrulnik, B.; Todorov, T., «La tentation du Bien est beaucoup plus dangereuse que celle du Mal», *Le Monde*, 30 de diciembre de 2016.

pertenencia se delimita mediante la ropa, peinados, lugares de reunión, familia, sociedad y Dios. En cuanto al enunciado de la ley, podemos criticarlo cuando es humano, pero el enunciado divino es indiscutible.

Por este motivo amamos al dios Castigador. Nos protege diciéndonos cómo hay que comportarse para ser amados. A partir de ahí el mundo es transparente., Dios nos ha dado un manual de instrucciones. Basta con vestirse, rezar, comportarse como Dios manda, para que el conformismo nos moralice y nos proteja.

Los límites emocionales y de los marcos verbales cambian sin cesar, el organismo evoluciona, la ecología cambia y las variaciones en las prohibiciones sacuden a las culturas. Hace algunas decenas de miles de años, cuando vivíamos en grupos y sobrevivíamos gracias a la recolección, que no necesita de una organización social muy complicada, el desorden lo provocaba el asesinato de un vecino o la violación de la mujer del prójimo. Dios, al prohibir estos actos, tranquilizaba al grupo. La pulsión sexual, definida por la prohibición del incesto, organizaba una estructura social fundamental: «El acto sexual, biológicamente posible con tu hija o tu madre, causa una representación insoportable, es un crimen importante». Después de un enunciado como éste, el grupo estructurado por la prohibición vive en paz.

Pero las palabras son organismos vivos que evolucionan sin cesar en una cultura cambiante. La palabra «padre» no hace referencia al mismo hombre según la cultura. Los padrinos pueden sentirse padres y representarse que la hija de su mujer se ha convertido en su hija verdadera, de modo que ella estará prohibida. Pero sucede que algunos padrinos no se sientan padres. Durante la Edad Media, la palabra «incesto» designaba un acto sexual entre parientes hasta el catorceavo grado de computación germánica, cosa que equivale a decir que un gran número de primas estaban también prohibidas. Hoy esta relación ya no se llama «incesto», ya no se habla de incesto espiritual con la madrina o el padrino ante Dios. En los pigmeos del Congo, todas las mujeres del lado materno son «madres» y están prohibidas. En el Alto Egipto, en la época de la dinastía de los quince Ptolomeos, el incesto estaba recomendado. Era moral aparearse entre reyes y reinas para evitar la inmoralidad de tener relaciones sexuales con seres inferiores. En 2010, el análisis de ADN reveló que los dos padres de Tutankamón eran hermanos y que Nefertiti había practicado el incesto real para traer al mundo sus siete hijos, mientras que el hermano de Arsinoé hacía esculpir estatuas del maravilloso cuerpo de su hermana con quien se casó y de la que estaba enamorado.[6]

La palabra «incesto» designa una relación prohibida cuando se trata de una madre y de sus hijos, pero los límites son variables en función de las definiciones culturales y los sentimientos personales. No obstante, el enunciado que prohíbe es necesario en el grupo, puesto que, cuando la familia no está estructurada por este tabú, al niño le faltan marcos, puntos de referencia protectores, y su desarrollo doloroso toma un cariz de trauma incesante cuando el agresor pasa al acto sin mostrar la más mínima culpabilidad.[7]

---

6. Donelly-Carney, E., *Arsinoë of Egypt and Macedon. A Royal Life*, Oxford University Press, Nueva York, 2013.

7. Dussy, D. (dir.), *Le Berceau des dominations. Anthropologie de l'inceste* y *L'Inceste, bilan des savoirs*, Les Éditions La Discussion, Marsella, 2013.

17
Valor moral del sufrimiento y de la culpabilidad

Después de la explosión cultural de mayo del 68, a menudo se dijo que estaba prohibido prohibir. Este bonito eslogan fue inspirado por un psicoanalista (William Reich), un filósofo (Herbert Marcuse) y un pediatra (el doctor Spock). Sus autores sostenían que bastaba con suprimir las prohibiciones para hacer desaparecer las neurosis. Durante las décadas siguientes a esta liberación, al final fue necesario reconocer que, a pesar de la mejora de las condiciones materiales y educativas, el sufrimiento psíquico no había disminuido.

¿Tiene la prohibición un efecto tranquilizador? La ontogénesis de la empatía nos ha demostrado que una pequeña dosis de culpabilidad es necesaria para vivir juntos en sociedad: «Algo se inhibe en mí; incluso cuando no hay ley, no puedo hacer cualquier cosa». Este sentimiento que frena nuestras pulsiones, ¿es el fundamento de una culpabilidad sana?

Hay que precisar de nuevo que la neuroimagen nos permite ver que cuando un niño pasa los primeros años de vida en un nicho sensorial empobrecido por una desgracia que ha ocurrido en su entorno (muerte de un progenitor, enfermedad, paro o precariedad social), la falta de estímulo de sus lóbulos prefrontales causa una atrofia evidente. Ahora bien, la principal función de estos lóbulos es la de anticipar y frenar las reacciones emocionales del núcleo rinencefálico oculto entre los hemisferios. A partir de este momento, para el niño, la más mínima información produce un efecto de agresión a la que reacciona huyendo, inhibiéndose o agrediendo defensivamente. Un niño así, difícil de querer, aprende mal a amar y a socializarse. No puede adquirir los tres reguladores de las emociones:

- Control neurológico.
- Control verbal.
- Normalización mediante rituales culturales.

Su emotividad desencadenada impide la armonía de las relaciones, lo hace muy desgraciado y a menudo tiene rasgos suicidas.[1] Conoce la ley, pero no puede impedir pasar al acto. Este cortocircuito mental le impide anticipar el daño que hará al no frenar sus impulsos.

La felicidad o la infelicidad funcionan juntos como una dupla de opuestos, podemos describir una culpabilidad mórbida, un temor constante a hacer daño a los seres queridos, que a veces lleva al convencimiento de haber cometido un crimen: «Tengo miedo de transgredir sin quererlo» conduce a «he tenido que transgredir sin querer». Esta culpabilidad mórbida es la norma en las mujeres que padecen fobias de impulsión después de dar a luz: «Tengo miedo de hacer daño a mi bebé», o en las melancólicas delirantes: «He arruinado a mi familia, soy responsable de sus desgracias... debo ser castigada... Merezco la muerte».

El psicópata conoce la ley, pero no puede evitar transgredirla. El perverso oye hablar de la ley, pero no la tiene en cuenta porque sólo su goce cuenta. Y la melancólica aplastada por la ley, siempre culpable, reclama castigos para sentirse mejor, aliviada por el sufrimiento que merece.

---

1. Bateman, A.; Fonagy, P., *Mentalization-Based Treatment for Borderline Personality Disorder*, op. cit.

Esta reacción psicológica, totalmente contraintuitiva, es fácil de ilustrar mediante la clínica y la neuroimagen. Recuerdo a pacientes torturados por una culpabilidad que yo sabía que era imaginaria, pero que para ellos era evidente: «Me he comprado un par de zapatos, decía uno de ellos, con el dinero para ayudar a mi hija en sus estudios. Si ella fracasa, será por mi culpa». Su rostro mostraba la angustia y la desesperación, luego se tapaba la cara con las manos: «¡Qué he hecho! ¡Qué he hecho!».

La neuroimagen puede explicar esta curiosa culpabilidad. La emoción torturadora causa un hiperconsumo de energía en una región cerebral compuesta por el córtex fronto-polar, el cortex orbito-frontal, el córtex dorsomedial y el córtex temporal anterior. Dos zonas profundas se activan y viran al rojo: el núcleo rinencefálico y la zona cingular anterior.[2] Estas partes del cerebro hacen posible la anticipación y son el sustrato neurológico de las emociones insoportables. Nunca se despiertan cuando el lóbulo prefrontal está deteriorado por un accidente ni en caso de demencias fronto-temporales, en las que las neuronas aglutinadas ya no pueden funcionar. Estos pacientes pasan al acto sin culpabilidad alguna, pueden insultar y empujar a todo el mundo sin sentir el más mínimo reparo, mientras que se preocupaban por el Otro antes de caer enfermos. En las depresiones importantes en las que el sujeto está abatido, ansioso y torturado por las representaciones insoportables, estas áreas cerebrales consumen mucha energía. Basta con pedirles que hagan una gran donación altruista (mucho dinero, un objeto importante, renunciar a un placer) para que de pronto esta «zona de las emociones de la culpabilidad» se apacigüe y el depresivo se sienta aliviado.[3]

---

2. Wagner, U.; N'Diaye, K.; Ethofer ,T.; Vuilleumier, P., «Guilt-specific processing in the prefrontal cortex», *Cereb Cortex*, 2011, 21 (11), págs. 2461-2470.

3. Pulcu, E.; Zahn, R.; Moll, J. y *al.*, «Enhanced subgeneral cingulate response to altruistic decisions in remitted major depressive disorder», *NeuroImage Clin.*, 2014, 4, págs. 701-710.

Entregarse, sacrificarse autoagredirse, ¿tiene esto un efecto tranquilizador? A menudo me he visto sorprendido por el comportamiento de algunos esquizofrénicos aullando de terror y debatiéndose para huir de sus alucinaciones. A veces rompían una ventana y se hacían un corte profundo en el antebrazo. Entonces se calmaban y venían a que los curara una enfermera. Mientras le cosían sus heridas, charlábamos tranquilamente. De pronto me estaba ocupando de alguien equilibrado, mientras que estaba aterrorizado antes de la herida física.[4] El apaciguamiento de un dolor intolerable se obtiene infligiéndose otro dolor más insoportable. ¿Corresponde esto al «efecto puerta»? Cuando un dolor físico satura las vías neurológicas del dolor, éste impide la transmisión de un dolor más intenso. El autocastigo, la flagelación, las autolesiones, las expiaciones, los comportamientos de reparación poseen un efecto apaciguador para los que sufren una culpabilidad infernal.

Los corredores de *jogging*, mientras están en pleno esfuerzo hacen muecas de padecimiento, pero se sienten bien después de correr. Las bailarinas aceptan caerse y recibir patadas involuntarias de su compañero para que el ballet resulte perfecto. Los alpinistas soportan el hambre, el frío y el agotamiento físico para fabricar una bella representación de ellos mismos que embellece toda su vida. ¿Es el sinsentido el peor de los sufrimientos?

Victor Frankl decía que no podemos soportar el mundo si no tenemos «voluntad de sentido». Durante sus años en Auschwitz, sufrió una agonía psíquica. Le sorprendía verse morir con un gran desapego, incluso con cierta curiosidad. Necesitó algunos meses para que descubriera que lo que le impedía dejarse ir era un árbol de tronco nudoso, una puesta de sol ridícu-

---

4. Fontenelle, L. F.; Oliveira-Souza, R. de; Moll, J., «The rise of moral emotions in neuropsychiatry», art. cit., págs. 411-420.

lamente bella, la recuperación de un recuerdo de infancia, una imagen lejana que volvía por sorpresa. Puesto que no hay vida sin sufrimiento, decía él, éste también debe tener algún sentido. Pero ¿cómo dar sentido al horror? «El que tiene un "por qué" puede vivir con cualquier "cómo"», podría haber respondido Nietzsche.[5] Pero no se puede dar sentido si no se asocia un sueño de futuro con un recuerdo de relaciones afectivas. El sentido cambia la forma de percibir el presente, aunque sea doloroso. El corredor de fondo que hace una mueca de dolor da sentido a su sufrimiento esperando correr mejor. Cuando por la mañana empieza de nuevo, no es que le guste sufrir, es la esperanza del progreso lo que transforma su dolor: «Sufro para...».

Entonces es posible actuar sobre el sufrimiento para extraer un beneficio de él. La elaboración mental es una herramienta que da esta posibilidad de transformación. La palabra, en su sabiduría, nos explica que «elaborar» viene de *labor*, que quería decir «sufrimiento en el trabajo». En una prueba que exige esfuerzo, un trabajo físico o mental laborioso, vale la pena entregarse para superar la aflicción.[6]

Este trabajo de elaboración que «vale la pena» puede hacerse a lo largo de una psicoterapia, durante un estudio de los textos sagrados o una creación artística. En estas situaciones, la elaboración modifica la manera de funcionar el cerebro y, cuando el trabajo se repite, la estructura de ciertas zonas cerebrales queda a su vez modificada.

---

5. Allport, G. W., «Prefacio», V. Frankl, *Découvrir un sens à sa vie*, J'ai lu, París, 2013, pág. 10.

6. Rey, A., *Dictionnaire historique de la langue française, op. cit.*, pág. 1138.

18
La elaboración mental modifica el cerebro

La neuroimagen permite precisar esta información. Los conductores de taxi londinenses, para obtener su licencia, deben recorrer la ciudad en bici y practicar para representarse los recorridos que deberán hacer. Se hizo una resonancia magnética funcional antes de este entrenamiento tiempo después de algunos años de práctica. Se pudo ver cómo las elaboraciones espaciales cotidianas terminaban causando una hipertrofia de los circuitos de las neuronas límbicas, base de la memoria y de las emociones.[1] Es la elaboración mental lo que comporta el aumento de conexiones sinápticas de las neuronas, ya que la misma observación, hecha en conductores de autobús, no mostró ningún cambio neurológico. Los conductores de taxi debían ejercer con cada carrera su habilidad para representarse el espacio, mientras que los conductores de bus no tenían ese problema. No era el estrés de la circulación lo que había modificado la materia gris de esa zona cerebral, ya que las condiciones eran las mismas para todos los conductores: fue el trabajo de representación que sólo habían necesitado los taxis-

---

1. Maguire, E. A.; Woollett, K.; Spiers, H. J., «London taxi drivers and bus drivers: A structural MRI and neuropsychological analysis», *Hippocampus*, 2006, 16 (12), págs. 1091-1101.

tas lo que había aumentado el volumen de la parte posterior de su circuito límbico.

Cuando se hizo la misma observación en personas que padecían una depresión importante, se vio una modificación análoga en el cerebro.[2] Un grupo de veinticuatro depresivos profundos pasaron una resonancia magnética antes de ir a una serie de sesiones de psicoterapia: la atrofia del córtex prefrontal era clara y el núcleo rinencefálico hipertrofiado se activaba a la más mínima emoción. Después de algunos meses de trabajo en psicoterapia, estas disfunciones desaparecieron. Lo que es más, el giro dentado, una zona media del circuito límbico, estaba hipertrofiada bajo el efecto del trabajo de reflexión de las emociones asociadas. Otro grupo de depresivos profundos rechazó la psicoterapia. Cuando, algunos meses más tarde, aceptaron que se les hiciera un escáner de control, la atrofia prefrontal y las vivas reacciones de la amígdala no se habían modificado. Era el trabajo psíquico el que había modificado el funcionamiento y la estructura de estas zonas cerebrales.

La vulnerabilidad neuroemocional adquirida con ocasión de un acontecimiento desgraciado de la existencia había sido reconfigurada por el trabajo de la palabra. El ejercicio que consistía en buscar intencionalmente en su pasado imágenes y palabras para hacer un relato destinado a un psicoterapeuta había modificado los circuitos de neuronas de esas zonas cerebrales. La base neurológica ya no trataba las informaciones de la misma forma. La memoria de los acontecimientos con connotación dolorosa durante la depresión había sido reformulada por otra fuente de memoria ulterior. La seguridad afectiva inducida por la relación de confianza se asociaba al placer de entender. En adelante, el deprimido volvía a tomar posesión de su mundo íntimo.

---

2. Beauregard, M., «Functional neuroimaging studies of the effects of psychotherapy», *Dialogues in Clinical Neuroscience*, 2014, 16 (1), págs. 75-81.

«El relato es constitutivo de la identidad de un individuo, pero también del grupo dentro del cual hace su relato».[3] Cuando el entorno es inseguro, el deprimido tiene dificultades para recuperar la confianza: «¿Se reirán de mí? ¿Menospreciarán mi sufrimiento?». Esta discordancia entre el herido y su entorno fue algo habitual después de los atentados de Charlie Hebdo en París. Recuerdo a un dibujante con el codo roto por la bala de un terrorista. No conseguía expresarse porque un testigo le había dicho: «Te lo has buscado». Asombrado por esta frase, ya no podía seguir pensando.

El trabajo de la palabra, de la memoria y de las emociones necesita un entorno acogedor. Cuando el deprimido se expresa en una relación de confianza, la amígdala rinencefálica se apaga progresivamente, señal del apaciguamiento emocional. Pero si la amígdala «se inflama» otra vez, es que el deprimido no se siente en confianza y la elaboración psicoterapéutica no está teniendo lugar.[4]

En un entorno donde la religión estructura el grupo, protege a los heridos y solidariza las relaciones, el deprimido bien acogido se siente capaz de reformular la memoria dolorosa. Cuando la religión organiza el contexto cultural, tiene un efecto terapéutico. Jesús es terapeuta cuando «permite cambiar la imagen que tenemos de nosotros mismos».[5] La neuroimagen confirma el efecto terapéutico de Jesús y nos explica cómo funciona todo.

---

3. Andruetan, Y., «Cerveau et événement», *La Psychiatrie en milieu militaire*, Elsevier-Masson, París, 2013, pág. 46.

4. Hayes, J., «Reduced hippocampal and amygdala activity predicts memory distortions for trauma reminders in combat-related PTSD», *J. Psychiatr. Res.*, 2011, 45 (5), págs. 660-669.

5. Grun, A., *Jésus thérapeute. La force libératrice des paraboles*, Salvator, París, 2011.

19
Incertidumbres culturales y extremismos religiosos

En cada período de incertidumbre cultural constatamos un aumento de las formas radicales de religiosidad.[1] Cuando el entorno se convierte en incoherente, cuando los valores vuelan en todos los sentidos, los individuos se desorientan, su mundo se nubla, el código de conducta es tan incierto que el sujeto ya no sabe a qué atenerse. «Trabajar o retirarse, escoger un sexo u otro, tener una familia o estar solo, todo es lo mismo». La alteración de la jerarquía de valores crea una errancia psicológica. En un contexto cultural así, el pensador que ilumina y muestra el camino tiene un efecto protector. Con él se respira, los esfuerzos se orientan, ya no se flota en la nada, se construye. La necesidad de seguridad y de visión clara explica el fenómeno actual del retorno de las religiones y del integrismo. Los padres democráticos, al respetar la libertad de sus hijos, deciden dejarlos libres en su elección de religión y esto provoca incertidumbre. Ahora bien, dentro de esta bruma se busca la claridad. Para sorpresa de su familia, los jóvenes se convierten a una religión autoritaria y recuperan las raíces religiosas rechazadas por su historia familiar. Estos hijos de hoy enseñan a sus padres los rituales del judaísmo que ya casi no se practican desde hace generaciones. Otros educadores tolerantes e iguali-

---

1. Armstrong, K., *The Case for God*, Alfred A. Knopf, Nueva York, 2009.

tarios que no han querido limitar a sus hijos a una creencia rígida se han visto sorprendidos y entristecidos cuando los jóvenes se convierten a un islam riguroso. El proceso democrático que deja libertad de elección a los hijos deriva hacia una religión autoritaria: hay un solo Dios, una verdad, una sola práctica de rituales, todos aquellos que se apartan son infieles que alteran la certeza que tanto necesitamos.

El retorno de la angustia facilitada por la duda explica por qué los disidentes son más odiados que los enemigos. Con los adversarios, la situación es brutal, pero clara, mientras que la persona cercana que se aleja de un punto de la doctrina debilita el edificio mental que nos tranquiliza. Toda divergencia es vista como una agresión, toda otra religión es rival o una falsa creencia.[2] Por este motivo los conversos son fáciles de herir. Apenas habían conseguido reconfortarse al abandonar la bruma de la incertidumbre y el que duda les hace recaer. Para ellos, la acción violenta es una defensa legítima. Los periodistas y los artistas que se esfuerzan en pensar por sí mismos se encuentran en situación de disidencia. En una dictadura religiosa es moral encarcelarlos, ya que agreden al grupo estabilizado por la certidumbre. A veces un científico se encuentra en situación de disidencia porque propone una innovación. También él es víctima de los que han hecho carrera recitando las seguridades que les han dado sus diplomas y cargos.

Los padres demócratas estaban orgullosos de su espíritu tolerante cuando daban toda la libertad a sus hijos, cuando aceptaban que sus adolescentes tuvieran relaciones sexuales bajo su techo. Los religiosos, en cambio, están orgullosos del control de sus pulsiones.[3] Cuando los padres han luchado contra el exceso de au-

---

2. McGregor, I.; Haji, R.; Nash, K. A.; Teper, R., «Religious zeal and the uncertain self», *Basic and Applied Social Psychology*, 2008, 30 (2), págs. 183-188.

3. Burris, T., «Petrican R., Religion, emotions negatives et regulation», en V. Saroglou (dir.), *Psychologie de la religion, op. cit.*, págs. 89-107.

toridad de sus propios padres, están orgullosos de su tolerancia: «No somos opresores, nuestros hijos serán libres gracias a nuestra mentalidad abierta», dicen sin darse cuenta de que la tolerancia, al suprimir los marcos de referencia, desorienta a los jóvenes.

Pero los padres no son los únicos que crían a los hijos y, en una cultura sin marco, los jóvenes desorientados siguen a quien les orienta. Contrariamente a sus padres, que repetían que está prohibido prohibir, ellos están orgullosos de inhibir sus pulsiones. Así, podemos ver a buenas familias cristianas o musulmanas que, después de haber hecho su trabajo de padres, se sienten infelices cuando sus hijos se enrolan en una religión extremista. El apego ha sido bien tejido, pero los adolescentes necesitan marcos y una epopeya en una edad en la que hay que empezar la aventura sexual y social. Entonces se dejan engatusar por un gurú que recupera a estos jóvenes ávidos de situaciones intensas. Y viceversa, cuando los padres son demasiado autoritarios aplastan el desarrollo de sus hijos y los jóvenes intentan introducirse en un grupo tolerante. Realmente, se necesita a todo un pueblo para criar a un hijo y permitirle una elección que evite los extremos.

El mero hecho de ser religioso produce consciencia, puesto que basta con respetar las normas. Cuando Dios nos indica la vía, la vida toma un sentido para merecer una vida después de la muerte. En caso de desgracia, podemos contar con la solidaridad de los correligionarios. Estas ventajas dependen del contexto. Cuando te mueres de sed, un vaso de agua fría es un algo extraordinario. Pero cuando has bebido mucho lo mismo te causa repulsión. Pasa lo mismo con la necesidad de Dios: la gente que encuentra circunstancias fáciles son menos religiosos, y la religiosidad no les aporta beneficios en términos de satisfacción de necesidades vinculadas al yo, la autoestima y el sentimiento de pertenencia.[4]

---

4. Saroglou, V. (dir.), *Psychologie de la religion*, *op. cit.*, pág. 66.

La amenaza de exclusión o el sentimiento de soledad activan la búsqueda de un apego entre los cuales la religiosidad es terapéutica. Una sociedad y un Estado protector, al evitar el estrés, diluyen los lazos sociales y la necesidad de religión. Dinamarca es el ejemplo de un proceso en el que el éxito social hace inútil la religión. En ese país feliz en el que reina el ateísmo, todo el mundo se ocupa de todo el mundo. Hay incontables bicis aparcadas en la calle sin cadenas esperando el retorno de sus dueños. Los padres se organizan alrededor de los niños y los docentes hablan con los alumnos sin alzar la voz. En este contexto, todo marco religioso sería visto como una limitación inútil y un Dios castigador sería visto como un tirano absurdo.

En un entorno difícil, cuando se pasa frío, hambre o miedo, la religión tiene un efecto tranquilizador y aglutinante. El dios que nos vigila nos indica la vía y nos castiga cuando nos apartamos de ella. Este Dios castigador era la imagen de un superpadre en la época en que las condiciones sociales difíciles hacían de los hombres héroes y ponían trabas a las mujeres. Cuando los mineros bajaban al fondo de la tierra durante quince horas al día, seis días por semana, las mujeres eran las heroínas familiares. Trabajaban en galerías tan sobrecalentadas que tenían que golpear con un pico para separar los bloques de carbón que a veces caían sobre sus espaldas y cabezas. Recuerdo a esos hombres que habían bajado a la mina con 12 años y morían de silicosis antes de los cincuenta, respirando con inspiraciones cortas para no asfixiarse tan pronto. Dieron todo lo que ganaban a su mujer que, a cambio, se ocupaba de la casa, de los niños y del bienestar del marido. ¿Era esa una forma de paridad? Un pacto conyugal así hoy tendría otro significado. En la cultura occidental los hombres trabajan menos en estas condiciones extremas y las mujeres saben hacer todos los nuevos oficios tan bien como los hombres. Su regreso a casa sería una injusticia insoportable.

Hace poco, en la RDC del Congo, mujeres vestidas de ropas de colores cavan haciendo muecas de dolor. Incapaces de pasar por los túneles estrechos de las minas de coltán, sueñan con casarse, ocuparse de su marido y tener hijos. En este contexto de organización social, ocuparse de una casa es una liberación. Hoy, en Mongolia, la pareja es una unidad afectiva, sexual, social y educativa. «Sin mi mujer, no soy nada», dice este rico ganadero que consagra sus esfuerzos a su hogar. «Mi marido es un tesoro, gracias a él no nos falta de nada», reconoce la mujer.

En la Alemania del siglo XVIII, país troceado en decenas de principados,[5] las condiciones de vida eran terribles: suelo helado, casas heladas, muerte de niños y de mujeres, hambrunas, epidemias, guerras constantes... En este contexto el sufrimiento cotidiano sólo tenía sentido por la belleza de la iglesia. Los hombres engalanados escuchaban los coros de niños y las damas controladas se ponían sus mejores vestidos. Se escuchaban discursos edificantes del sacerdote que elevaban el alma y daban sentido al sufrimiento. Cuando la realidad es dolorosa, nos refugiamos en las ensoñaciones del más allá paradisíaco o de otro mundo maravilloso. En esta época los alemanes emigraban a Austria y a los países tropicales de América Latina. Las mujeres desgraciadas ensalzaban a los hombres, su coraje, su fuerza e incluso su violencia, que les adaptaba a este mundo de existencia cruel. Cuando los hombres consagraban sus brazos a un trabajo de fuerza, volvían agotados a casa donde las mujeres les alimentaban y a veces les lavaban. Cuando el hombre caía enfermo, ellas no podían comprar nada y la familia ya no comía durante 48 horas. Los hombres sufrían con orgullo, enunciaban la Ley y no tenían la posibilidad de establecer con sus hijos relaciones afectivas. Se les admiraba y temía. En el

---

5. Rovan, J., *Histoire de l'Allemagne. Des origines à nos jours*, Seuil, París,1994.

cielo, superpapá tenía la misma función. Se amaba al Dios protector, se temía al Dios castigador que juzgaba nuestras acciones durante nuestro paso por la tierra y decidía nuestra vida después de la muerte en el Juicio final.

Las prohibiciones moralizadoras sostienen el placer que ablandan. Hay que privarse de ciertos alimentos, no comer esa carne, ayunar un día por semana o un mes entero según la religión. Hay que renunciar al placer del sexo, de mirar el cuerpo de una mujer o de escuchar música. La única aventura válida era la del hábito de sacerdote o la espada del soldado. Los otros... que se casen, decía Pablo. Entonces nos sentimos mejor, tranquilizados y sin culpa en una cultura en la que el placer puede hacer desaparecer la combatividad. Sacrificar el placer de vivir tiene un efecto trascendental cuando se obedece a Dios. Nos sentimos más cerca de Él cuando no comemos cerdo o bebemos vino porque es por Él que renunciamos a ello. Los pequeños sacrificios tienen un efecto de aglutinar al grupo: un judío puede invitar a un no judío a su mesa, pero no puede comer en la mesa de un *goy*.[6] Si acepta su invitación por amistad puede sentarse a su mesa, pero no comerá. Cuando renuncia al placer de compartir la mesa, piensa en Dios y dedica su abstinencia a Él. Siente un éxtasis espiritual renunciando al placer de la mesa.

Todas las religiones han descubierto este procedimiento. Para que llueva, hay que sacrificar un pollo o comprar unos cirios. Para impedir que el sol caiga sobre la tierra, hay que inmolar a un niño. Para comunicarse con Dios que ha enviado una enfermedad a un allegado, hay que donar una obra que cuide de los enfermos. Los politeístas también sacrifican a sus dioses, pero como son menos metafísicos, más naturales, diga-

---

6. N. del T.: *Goy*, transliteración del hebreo que hace referencia a los no judíos.

mos, más accesibles, sus dioses se aparean con seres humanos y se pelean entre ellos.

La religión católica a menudo usa el efecto reparador de la penitencia. Después del asesinato del padre Hamel en Saint-Étienne-du-Rouvray (2016), la iglesia estaba llena de sangre, de objetos esparcidos por todas partes y de cuerpos humanos. Todo fiel que entrara en la iglesia se sentía oprimido por el recuerdo del crimen. El uso impío de la iglesia había profanado su pureza. Fue necesario hacer un rito de penitencia para repararlo, quitar las flores y los objetos de culto, bendecir el agua y lavar los muros para quitar la mancha. Solamente así se pudo poner flores, objetos, el pan y el vino. Cuando la pureza regresó, la iglesia pudo acoger de nuevo a una misa en la que los fieles perdonaron a los profanadores. El guión de penitencia, al añadir en la memoria una ceremonia de reparación, expulsa el horror y la iglesia vuelve a ser visitada de nuevo. Este señuelo espiritual sólo puede funcionar porque representa lo que se espera en lo más profundo de los corazones.

Una visión binaria del mundo nos ofrece señuelos para dominar la angustia. Cuando pensamos que todo lo que no es grande es pequeño, que todo lo que no es fuerte es débil, que todo lo que no es hombre es mujer, esta clara visión es un arma para atacar a aquel que nos molesta. «Si hago el bien seré recompensado; así pues, si hago el mal seré castigado». Hay que tomar distancia para descubrir que los opuestos del Bien y del Mal son un conjunto de inhibiciones emocionales —«no puedo permitírmelo todo», «esto está bien, esto está mal»—. El que se somete a los enunciados que llevan al Paraíso teme menos a la muerte porque como ha obedecido, vivirá mejor después de su desaparición en este mundo. Pero el pensamiento binario también nos lleva a creer que aquel que hace el mal no sometiéndose se reencarnará en simio o arderá eternamente en las llamas del infierno. En este caso, la transgresión agrava la infelicidad de la muerte. El insumiso dispuesto a comportarse para ir al Paraíso ha preferido el goce inmediato, entonces es moral que pague un precio exorbitante. Le bastaba con renunciar a un placer inmediato, pero no ha querido hacer este pequeño sacrificio que le habría permitido vivir mejor más tarde eternamente. Tanto peor por él, ha escogido.

La reacción binaria explica por qué ciertas personas, torturadas por el sufrimiento de vivir, sienten odio por todo aquello que lleva al goce: dejarse ir puede costar un sufrimiento eterno. Cuando un hombre ve el cuerpo de una mujer a la que erotiza, piensa, si ha adquirido un apego seguro: «La mera presencia de una mujer es un momento de felicidad». Pero si ha adquirido un apego inseguro, cosa que pasa en uno de cada tres,[7] puede pensar: «Esta mujer desencadena en mí un deseo que me angustia. Si, desgraciadamente, me dejo llevar por la inmanencia sexual, esta mujer me llevará al sufrimiento eterno. Toda mujer que muestra su cuerpo es peligrosa para mí. ¿Con qué derecho me agrede? Debo taparla para tranquilizarme».

Las mujeres reaccionan de la misma manera. Las que se sienten seguras piensan: «El hombre ha sonreído al mirar mi escote. Me gusta esta complicidad, aprecio este momento de felicidad amable». Pero una mujer insegura se dirá: «Los hombres sólo piensan en esto. ¿Con qué derecho manifiesta él una expresión sexual, mientras que yo no puedo evitar tener pecho?».

Por todas estas razones, un creyente rígido acepta morir para una verdad universal y eterna. Cuando la muerte es una desgracia relativa, la sexualidad puede ser trascendida. Vale la pena combatir a la sexualidad, sólo es un pequeño sacrificio. El que duda, no quiere morir por un valor relativo: «Tengo dudas, he cambiado de opinión conociendo a otras personas, leyendo otros libros, descubriendo otras culturas en las que la

---

7. Marvin, R. S.; Britner, P. A., «Normative development. The ontogeny of attachment», en J. Cassidy, P. R Shaver (dir.), *Handbook of Attachment*, *op. cit.*, págs. 44-67.

jerarquía de valores es distinta. Aprecio otras formas de ser humano, ¿por qué queréis que muera por una verdad que quizás mañana cambiará?».

La creencia en Dios participa de la regulación de las emociones. Una resonancia magnética funcional (RMNf) hace visible que el área cingular anterior (ACC) que produce señales de malestar en caso de dolor físico o de conflictos relacionales atenúa su funcionamiento de alerta cuando el herido se relaciona con Dios mediante los rituales de su religión.[8] Una representación protectora que apacigua y da sentido acaba atenuando la percepción del sufrimiento.

Probablemente sea mediante esta estrategia neuromental que los comportamientos de expiación y de resarcimiento apaciguan la angustia y la culpabilidad. Cuando un creyente sufre de la representación que se hace de su falta o de su pecado, le basta con hacer un gesto de purificación, de autocastigo o de altruismo para apaciguar su dolor mental.

Pasa lo mismo en la vida cotidiana cuando los pequeños sacrificios ayudan a la regulación de las emociones. El que consigue retrasar la satisfacción inmediata del placer se siente dueño de sus pulsiones. Cuando se es fuerte y tranquilo, es más fácil socializar, pero cuando uno está desbordado por la intensidad de sus pulsiones o cuando la cultura exacerba nuestra tendencia a la culpabilidad, los sacrificios pueden ser espectaculares, como autoflagelaciones sangrientas o marchas a cuatro patas de la Santa Muerte en México, en las que los penitentes, ancianos narcotraficantes, se automutilan para apaciguar su culpa.[9] Que el sentimiento de falta sea provocado por un acto real,

---

[8]. Inzlight, M.; Tullet, A. M.; Good M., «The need to believe: A neuroscience account of religion as a motivated process», *Religion, Brain and Behaviour*, 2011, 1 (3), págs. 192-212.

[9]. Chesnut, R. A., *Devoted to Death: Santa Muerte, The Skeleton Saint*, Oxford University Press, Nueva York, 2012.

por una representación imaginaria o por una religión represiva poco importa, el autocastigo tiene un efecto moral y tranquilizador.

20
La espiritualidad no cae del cielo

La espiritualidad no está pues separada del cuerpo ni de la cultura, se apoya en estas dos bases para desarrollarse hacia al cielo y la abstracción. El *Homo sapiens* nunca ha pensado: «Mira, si consigo separarme de la materia y de la sensorialidad, accederé al mundo del espíritu divino...». La espiritualidad no cae del cielo, emerge del encuentro entre un cerebro capaz de representarse un mundo totalmente ausente y un contexto cultural que da forma a esta dimensión del espíritu.

Antes del Neolítico, la naturaleza nos proporcionaba gratuitamente fruta, raíces, pequeñas presas, insectos y carroña abandonada a la puesta del sol por depredadores saciados.[1] Sometida a los límites naturales, nuestra supervivencia era fácil cuando éramos unos pocos centenares de miles de seres humanos. La revolución neolítica, de hace entre diez mil y ocho mil años, organizó otra estrategia de existencia. Desde entonces, el ser humano empezó a controlar a la naturaleza. Se domesticaron animales, se construyeron corrales, se cultivó forraje gracias a las herramientas que se inventaban sin cesar. Era necesario dominar la lluvia y el sol, de los que dependen las cosechas. Para este uso se dispuso de una herramienta verbal

---

1. Harari, Y. N., *Sapiens. Une brève histoire de l'humanité*, Albin Michel, París, 2015 [Trad. cast.: *De animales a dioses: breve historia de la humanidad*, Debate, Barcelona, 2014].

para controlar a las fuerzas invisibles que gobernaban los movimientos del sol y de las estaciones. Las oraciones y sacrificios actuaban mediante la fuerza del alma. Los monumentos megalíticos captaban los rayos de sol que nuestros cantos y gestos conseguían guiar para nuestro provecho.

En este contexto tecnológico y mental, fabricábamos lo social con reglas imperativas. Era necesario perseguir al animal, matarlo y repartir la carne según la jerarquía del grupo. La muerte de un ser vivo permitía nuestra supervivencia y nuestra organización social. Ya que se podía actuar sobre la realidad de los cuerpos, plantas y astros gracias a las herramientas y los sacrificios, lógicamente se dedujo que también se podía actuar sobre las fuerzas invisibles que gobiernan el sol, la lluvia y la fertilidad gracias a la herramienta de las plegarias. Inmolando a un niño se controlaban las fuerzas cósmicas, al sacrificar nuestra vida salvábamos al grupo, y haciendo pequeñas renuncias, como el ayuno o la abstinencia, se controlaba la vida cotidiana.

Los asesinos prehistóricos hacían sociedad dando muerte: «Al cometer un crimen [...] se creó la sociedad. Toda sociedad procede de este asesinato inicial».[2]

La memoria del asesinato inicial impulsó el proceso de civilización y ha persistido a través de las generaciones. Desde que el hombre-macho se separó de la naturaleza gracias a su violencia física y mediante la herramienta de la palabra, los valores viriles que se enseñaban a los niños, como pelear, dar muerte y sufrir sin quejarse, tienen un efecto menos socializador. Como en todas las civilizaciones, la sacralidad evoluciona. Se sacrifica a los hombres en períodos de guerra, pero en tiempos de paz se los sustituye por un cordero o un buey, se desarrolla el sentimiento de sagrado hacia los valores morales de la justicia y el progreso.

---

2. Gay, P., *Freud. Une vie*, Hachette, París, 1991, pág. 580 [Trad. cast.: *Freud, una vida de nuestro tiempo*, Paidós Ibérica, Barcelona, 2010].

Las mujeres-hembras de la época estaban cerca de la naturaleza. Sus menstruaciones sorprendían a todo el mundo, los bebés crecían en su interior y la leche acudía a su pecho. Las mujeres se naturalizaban y las madres se divinizaban. La Madre creadora del mundo en los aborígenes, las diosas calipigias africanas, las divinidades fundadoras, que llevaban en su vientre una retahíla de bebés como semillas de judías verdes, y María, la madre de Dios, aún son veneradas.

Los hombres fabrican lo social gracias a su violencia, mientras que las mujeres dan vida y la preservan, lo cual es otra aventura social. La mitología neolítica de las sociedades modernas explica la victoria sobre la naturaleza y una metafísica de la muerte. Nuestra capacidad de pensar la ausencia actúa sobre lo real como lo hace la palabra, la imprenta e internet. Así se creó un mundo virtual que modifica la realidad.

Los recientes descubrimientos de la neuroimagen explican los beneficios psíquicos del sufrimiento y del sacrificio, pero la fuerza de los relatos hablados, escritos o representados explica el regreso de la espiritualidad. La observación de la naturaleza conduce a la artesanía, a la construcción de viviendas de piedra, a la invención de armas y herramientas, a la domesticación de los animales. Pero lo que lleva hasta la espiritualidad es el misterio de la existencia. ¿Por qué la vida y no simplemente nada? ¿Por qué la muerte de las personas, los animales y las plantas? ¿Adónde vamos después de la muerte? Dios es un concepto tan abstracto, que no hay de él representación ni percepción posible, como una inmaculada concepción, una idea general pura, jamás manchada por la materia. Tal abstracción actúa sobre nuestro espíritu, da forma al misterio de la existencia y socializa nuestras almas. El procedimiento espiritual totalmente desapercibido actúa en lo más profundo de nuestra intimidad, hasta el punto de que necesitamos un intermediario para darle forma. Los profetas son sus portavoces. Moisés y las mujeres profetas del judaísmo, Jesús, Mahoma y Buda traducen en términos humanos lo que esta entidad ha concebido y no podemos percibir.

Cuando se vive con la urgencia de no morir, hacemos sociedad con el cuerpo, construimos refugios, comemos fruta y carroña, protegemos a los pequeños. Pero cuando se toma distancia para dar sentido a la vida, cuando se representan los acontecimientos pasados, descubrimos el origen metafísico de nuestra existencia. Escapamos de la realidad para elevarnos hacia a Dios.

Este trabajo de abstracción se puede hacer sin Dios. Basta con aceptar el misterio de la vida sin intentar explicarlo como sea. La mayor parte de seres humanos son tan hábiles para las teorías del espíritu que pueden representarse las creencias de otro, aunque no esté presente. «Extrañamente, el único lenguaje que hace referencia directa a las cosas es el lenguaje de los animales».[3] Ellos necesitan percibir en el cuerpo de otros indicios de agresión o de motivación sexual para adaptarse a sus intenciones, pero no pueden leer en su alma como en un libro abierto. No saben responder a las representaciones sin contexto, totalmente abstractas... y someterse a ellas. No pueden pensar: «El Dios de los perros me protege, pero me castigará si deseo la hembra de un prójimo». Esta proeza intelectual, las personas lo hacen cada día, sobre todo cuando las condiciones de su existencia son difíciles o cuando experimentan un éxtasis que desean comunicar.

Entre el que cree en Dios y el que no cree, podemos situar al que cree en los superpensadores como Marx, Stalin, Freud y muchos otros. Estos hombres poseerían una inteligencia sobrehumana que nos permitiría comprender la condición humana, a condición de aprender bien sus ideas. Estos maestros-pensadores tienen, también ellos, una función protectora y socia-

---

3. Chomsky, N., «Il est evident qu'il existe une nature humaine», *Philosophie Magazine*, marzo de 2017, 107, pág. 12.

lizadora. Durante milenios este poder era atribuido al padre cuando iba de caza o bajaba a la mina para traer a casa algo que comer. Todos tenían interés en obedecerle, nuestro bienestar dependía de ello. Hoy en día la madre también va de caza. El padre impresiona menos a su familia. La imagen dominante y tranquilizadora se ha repartido entre los progenitores, educadores, filósofos, escritores, actores y cantantes que vemos por la tele. La función sobrehumana es menos aplastante y más democrática, pero ¿es más protectora? Los que creen en Mao Tse-Tung, Sócrates o Descartes se crispan cuando se critica su papel intelectual, porque la referencia a estos pensadores sobrehumanos tiene un efecto socializador y protector, como la creencia en Dios. Compartir sus pensamientos da coherencia al grupo. Cuando se leen los mismos libros, los mismos periódicos, cuando se ven las mismas películas y se habla de ello, se crea una red, una especie de internet anticipado. Es más lento pero más emocional. Nos armonizamos e influimos los unos en los otros compartiendo las mismas ideas. Los que critican a Mao, Sócrates o Descartes alteran nuestra harmonía relacional. Hay que evitarlos y hablar mal de ellos para preservar nuestra unidad, pero no es necesario enviarlos a todos al matadero. Mientras que los que acceden a lo sagrado ven la más mínima crítica como una blasfemia, una agresión contra Dios que merece un castigo extremo. La exclusión, la prisión, la excomunión o el matadero están a la altura de esta herida insoportable. Para los que no tienen dios, es sólo un rasguño; para un creyente ferviente, es una conmoción espantosa.

El espíritu democrático hace evolucionar a los grupos sociales hacia una creatividad desordenada. Entonces, para evitar el sentimiento de caos, es lo más democrático del mundo que las sociedades elijan a un dictador. Él sabrá imponer una línea de pensamiento claro y un breve catálogo de certidumbres. Esta claridad simplifica tanto los problemas que ello significa la muerte del pensamiento.

El acceso a la teoría de la mente es una ontogénesis, una construcción constante de la idea que nos hacemos de los otros. Esta composición nos permite vivir juntos con puntos de referencia compartidos: padre, Dios o un superpensador.

21
Dios ha muerto, viva Dios

Los que no tienen necesidad de la religión sagrada aceptan como un hecho la maravilla de estar vivo. Los que aspiran al cielo calman su desasosiego mediante una representación divina que les tranquiliza. Por este motivo los creyentes llenan las culturas respectivas de producciones que representan a las divinidades invisibles: catedrales, mezquitas, vitrales, joyas, candelabros, cálices, reliquias, vajilla, pinturas, sepulturas, vestimentas, peinados, rituales, cantos, plegarias y peregrinaciones que embellecen las culturas y los paisajes.

Para el no creyente, estos objetos sólo son obras de arte que no tienen ninguna trascendencia sagrada. La artesanía es bella, pero no tiene por objetivo tranquilizar, socializar o prohibir. Hoy en el mundo hay 500 millones de no creyentes. Esta comunidad enorme es menos numerosa que la de las filosofías religiosas orientales, el cristianismo y el islam.[1] Los agnósticos piensan: «Acepto que no tendré conocimiento del más allá. El misterio me divierte pero no me angustia». Los ateos afirman: «Creo que Dios no existe», lo cual es una creencia. Los laicos prefieren creer en el pueblo en lugar de en el sacerdote. Los anticlericales se sienten agredidos por la condescendencia de

---

1. Zuckerman, P., «Atheism: Contemporary numbers and patterns», en M. Martin (dir.), *The Cambridge Companion to Atheism*, Cambridge University Press, 2006, págs. 47-66.

145

los creyentes y los agreden para defenderse. Los apóstatas dejan la religión que se apaga en ellos. Los conversos, durante una crisis de adolescencia, una tragedia o camino a Damasco cambian repentinamente de creencia, esperando ser autónomos después de haber estado sometidos a su creencia pasada. Y la mayoría de los indecisos, pasivos, se dejan llevar por la corriente de las creencias que hay a su alrededor.

En todas estas situaciones, el sí mismo de los ateos no necesita a Dios para ser moral y preocuparse por los otros. El sí mismo de los religiosos es fácilmente «oceánico»,[2] ya que accede a un más allá eterno. Esta ilusión benefactora les hace creer que existe un mundo justo, verdadero, bello, más allá, al que podrán acceder si obedecen. En conjunto, la religión refuerza la tendencia a la autoestima, a no cuestionar las estructuras familiares, sociales y culturales para sentir claramente la identidad propia en un mundo estable.

Este sentimiento oceánico se transmite mediante la educación. Religioso o ateo, es mediante la interacción afectiva, más que por la argumentación, como estos estilos existenciales atraviesan generaciones.[3] Los religiosos no se siente asqueados ante los pobres, los que van sucios, los abandonados y los discapacitados. Los frecuentan y se ocupan de ellos para su felicidad personal y la de los infelices. Los ateos, más centrados en su propio desarrollo, también se ocupan de ellos y se enrolan a menudo en diversas ONG, con las que afrontan la cuestión de la muerte por el procedimiento de una iniciación moderna de la que sentirse orgullosos. Los creyentes, a menudo, piensan que es inmoral tener dinero, mientras que los ateos piensan

---

2. Freud, S., «Le malaise dans la culture», en *Oeuvres complètes*, tomo XVIII : *Psychanalyse* (1927), PUF, París, 1994, págs. 245-333. [Trad. cast: «El malestar en la cultura», *Obras Completas*, t. XXI, Buenos Aires, Amorrortu, 1996].

3. Hood, R. W.; Hill, D. C., Spilka B., *The Psychology of Religion, op. cit.*

más bien que es inmoral ganar dinero sin merecerlo. Se gastan herencias, el dinero ganado en la lotería se dilapida y el dinero del juego se ignora y se da a quien sea, a un vagabundo, vecino o desconocido. Los religiosos tienden a pensar que la felicidad es moral cuando se sufre mucho.[4]

Hay pues mil maneras de creer en Dios o de no creer según nuestro contexto familiar y cultural. Se nos invita a acceder a él o se nos aleja de él. Cuando las interacciones familiares y cuando los relatos colectivos no nos hablan del más allá, aprendemos a vivir en la realidad cotidiana con la suficiente felicidad, mientras la sociedad nos proteja y su buena organización nos proponga proyectos válidos de vida.

Pero puede ocurrir que un fallo neurológico no permita acceder a la teoría de la mente. Los autistas no pueden creer en Dios porque su problema de neurodesarrollo los obliga a vivir en un mundo contextual, en el que están encerrados. Les aterroriza la idea de cruzar el umbral de la puerta porque no imaginan lo que hay al otro lado. Se angustian como si estuvieran al borde de un precipicio. Entonces caminan lentamente como un saltador que tiene miedo de lanzarse al vacío. De igual modo, no osan aprender a hablar porque no soportan que la palabra designe un objeto que no está ahí. Esto les da vértigo. Les aterroriza cuando un mueble no está en su lugar porque sienten ese pequeño cambio como una desorganización importante de su entorno. ¿Cómo queréis que crean en un ser sobrenatural invisible que lo ve todo y nos manda desde quién sabe dónde?[5]

Al otro extremo del espectro del autismo, los esquizofrénicos sienten como en una pesadilla la más mínima imagen, la

---

4. Vanistendael, S., «La résilience a-t-elle un rapport avec la résurrection?», *Jésus. Les Cahiers du libre avenir*, 2004, n° 120: *La Résilience. Du voile et autres crucifix*, págs. 22-23.

5. Norenzayan, A.; Gervais, W. M.; Trzesniewski, K., «Mentalizing deficits constrain belief in a personal God», *PlosOne*, 2012, 7 (5), págs. 836-880.

más mínima sensación como la evidencia de una percepción intensa. Creen en todo lo que pueden imaginar: fantasmas, ancestros, espíritus, ondas que la televisión les envía, el dios al que oyen hablar.[6] Esta hiperreligiosidad no gusta a los sacerdotes, que piensan que estas personas creen en todo, que creen en cualquier cosa. Los delirios y alucinaciones religiosos, que son frecuentes en los esquizofrénicos, muestran una patología de la teoría de la mente. La representación en los psicóticos no carece de metafísica y tiene su aspecto sobrenatural. Por el contrario, es vivida como una percepción real: «Hay que estar loco para no ver que la Virgen María está sentada encima de la nevera», pueden llegar a decir. «Hay que estar loco para no entender las órdenes que da Dios a los periodistas de que me persigan a través de la televisión».

Para acceder a Dios, se necesita una habilidad de mentalización que se articule con una estructura familiar o cultural. Para un niño autista, como para un encefalópata, la alteración de la teoría de la mente impide el acceso a Dios. Cuando un niño así crece en una familia creyente, no entiende el significado de los gestos y palabras que orientan hacia Dios. Y viceversa, cuando un niño sano crece en una cultura que no evoca a Dios, como hoy en Suecia o Dinamarca, donde los ateos son mayoritarios, aprende formas de socialización y valores morales que le muestran sus padres, pero no hereda el amor a Dios.[7]

Sucede que padres o educadores son creyentes rígidos. En estos casos, muchos niños sienten la religión como una limitación absurda, pero cuando el niño sufre en un contexto social

---

6. Crespi, B. J.; Badcock, C., «Psychosis and autism as diametrical disorders of the social brain», *Behavioral and Brain Sciences*, 2008, 31 (3), págs. 241-320.

7. Zuckerman, P., *Society without God. What the Least Religious Nations Can Tell Us about Contentment*, New York University Press, Nueva York, 2008.

difícil, el más mínimo apego a los padres, a un sacerdote o a un Dios lo protege y lo salva.[8] Por este motivo los religiosos están ávidos de certidumbres y tradiciones. Para ellos, todo cambio es una agresión, mientras que para un no creyente es una aventura estresante y divertida que da la sensación de existir.

Se socializan las almas adorando a un mismo Dios, pero también se pueden socializar las mentes trabajando en un mismo proyecto. Es curioso ver que los científicos abstractos, duchos en matemáticas, física o economía, son claramente más religiosos que los científicos humanistas como los psiquiatras, psicólogos o sociólogos.[9] Podríamos explicar esta diferencia diciendo que los matemáticos se sirven del lenguaje para delimitar con el pensamiento segmentos no perceptibles de la realidad. Una fórmula matemática es el resultado de un trabajo de abstracción casi metafísico. Mientras que los psicólogos explican los mundos íntimos buscando determinantes biológicas, familiares o sociales que los estructuran. Para ellos, estas informaciones están más cerca de la realidad sensible que las fórmulas matemáticas. No necesitan la hipótesis de Dios para hacer este trabajo de proximidad. Esto explica por qué hay pocos trabajos en psicología de la religión, mientras que gran parte de los seres humanos piensa sin cesar en Dios, van cada día a lugares de oración y organizan su destino en función de sus creencias. Por este motivo un médico puede ser a la vez médico, científico y creyente. Puede estudiar la impregnación hormonal del embarazo, conocer los gestos del parto y sentir algo metafísico ante la pequeña vida que está a punto de venir al mundo. Puede ocuparse de una mujer embarazada con la atención y la generosidad que caracterizan a los creyentes y rechazar un aborto que, para él, es un crimen.

---

8. Norris, P.; Inglehart, R., *Sacred and Secular. Religion and Politics Worldwide*, Cambridge University Press, Nueva York, 2004.

9. Gross, N.; Simmons, S., «The religiosity of American college and university professors», *Sociology of Religion*, 2009, 70 (2), págs. 101-129.

En todas las religiones, las mujeres son más fácilmente creyentes que los hombres. En las instituciones religiosas hay tres veces más religiosas que religiosos y, en la vida cotidiana, las iglesias son frecuentadas, sobre todo, por mujeres. Las mujeres tienen poco acceso a la jerarquía religiosa en el catolicismo y en el islam, un poco más entre los protestantes y los judíos y, no obstante, son ellas las que respetan los dogmas, los rituales y enseñan la religión a sus hijos.[10] ¿Quizás es porque ellas se sienten siempre bajo la mirada del otro? En su vida espiritual están bajo la mirada de Dios y en la vida cotidiana son más vistas por parte de los niños, los hombres y otras mujeres. Quizás también sean más creyentes porque viven mejor en el mundo de las palabras. Desde muy temprano, ellas usan las palabras para construir herramientas del pensamiento y relaciones afectivas.[11] Cuando alguien amado les cuenta un relato religioso, ellas comparten con felicidad su creencia. Para los niños esto es equivalente a una declaración de amor: «Amo al Dios que me ha contado mamá, porque amo a mamá». El control de la relación, compartir estas representaciones, crean una comunión afectiva que apacigua a todo el mundo.

Cuando una divinidad enuncia los mandamientos: «Amarás al prójimo... No comerás animales con pezuñas...», la socialización es mejor, ya que un creyente no discute al orden divino. Los fieles son más honestos, humildes, concienzudos que los no creyentes, que se autodeterminan más y se preguntan por qué deberían obedecer a normas arbitrarias.[12] Los creyentes a

---

10. Vallet, O., «Religion et santé mentale», intervención en la conferencia de la Ligue française pour la santé mentale, *(Bonne) Santé mentale et société*, París, 9 diciembre 2016.

11. Barbu, S., «Filles et garçons : ensemble, mais le plus souvent à part?», *Psychomédia*, diciembre de 2009-febrero de 2010, n° 23 : *Devenir fille, devenir garçon*, págs. 29-32.

12. Brooks, A. C. *Who Really Cares : The Surprising Truth about Compassionate Conservatism*, Basic Books, Nueva York, 2006.

menudo son benévolos, menos impulsivos, van a pie, toman vitaminas y se ponen el cinturón de seguridad.[13] Por supuesto, estas investigaciones indican verdades sociológicas. Jean-Marie Pelt, ecologista de renombre internacional, era muy creyente y rechazaba ponerse el cinturón. Lo que es verdad para una población no tiene por qué serlo para los individuos que componen esa población. Pero en conjunto, ser creyente conduce a vivir en un mundo en el que se respetan los códigos, a diferencia del no creyente.

Los creyentes se preocupan por los problemas esenciales: vida, muerte, vergüenza, culpabilidad. Se refieren mucho a Aquel que les ve y les juzga. Se sienten morales cuando obedecen, privilegian las emociones abstractas como la trascendencia, el éxtasis, la gratitud ante Aquel que castiga cuando se comete una falta. Después del terrorífico terremoto de Haití, que mató a 250.000 personas en un minuto, hubo un período de estupor ante tal catástrofe impensable. Pero en cuanto la vida se reanudó, los supervivientes organizaron procesiones fervientes en las que la multitud de creyentes daba las gracias a Dios por haber enviado un castigo así para enseñarles a creer más en Él. Su éxtasis era místico; su orgullo de obedecer, la belleza de sus cantos religiosos, aumentaban el sentimiento de unión. Al aproximarse a Él, se elevaban por encima de las condiciones mortales. En cambio, sentían una especie de condescendencia y a veces incluso repugnancia por los que no creen, que —al no conocer este éxtasis— se arrastran por el suelo.

El entusiasmo religioso iba dirigido a Dios, pero no tuvo como destinatario a los hombres de Estado, responsables de la catástrofe. Para animar al pueblo traumatizado, los políticos explicaron en los medios de comunicación que era necesario

---

13. Hill, T. D.; Burdette, A. M.; Ellison, C. G.; Musick, M. A., «Religious attendance and the health behaviours of Texas adults», *Preventive Medicine*, 2006, 42 (2), págs. 307-312.

«ser resiliente». Para la población, esta fórmula significaba: «Sed valientes, espabilaros solos». Un sinsentido, porque el proceso resiliente implica, en todos los estadios, un apoyo afectivo, verbal y social. La resiliencia haitiana se manifestó en las procesiones religiosas, la ayuda entre vecinos, la lucha contra el sufrimiento y la metamorfosis del horror gracias a innumerables obras de arte que hicieron los haitianos.[14]

El surgimiento de la espiritualidad no depende necesariamente de las instituciones religiosas. La espiritualidad es universal, inherente a la condición humana, mientras que las instituciones religiosas dependen del contexto cultural. Esto explica la diversidad de culturas religiosas que dicen responder, todas ellas, a nuestra necesidad de espiritualidad. Sabemos dónde hay que rezar, dónde aprender las posturas, las palabras que nos acercan a Dios, vemos la belleza de los edificios, el color de los vitrales y los cuadros. Olemos el incienso, admiramos la representación de los sacerdotes, oímos sus cánticos y participamos en ellos. El coro de la plegaria y de los encantamientos hace desaparecer el sufrimiento del aislamiento: «Ya no estoy solo porque canto». Los objetos simbolizan el acceso a Aquel que nos protege, los actos de fe crean el sentimiento de pertenencia, la familiaridad, la fraternidad religiosa cura la angustia del vacío y el sinsentido de la muerte. El enorme beneficio terapéutico de la religión causa también un efecto peligroso: la comunidad se cierra, fragmentando así la universalidad de la espiritualidad y dando a este impulso formas distintas que se declaran la guerra entre sí. La representación abstracta, fuente de proximidad afectiva, se convierte en caldo de cultivo para el odio de quienes no comparten las mismas alegorías. Los enamorados de una religión odian a los infie-

---

14. Tassel, E., «Les Haitiens, un peuple résilient?», *Jésus. Les Cahiers du libre avenir, op. cit.*, págs. 25-28.

les, del mismo modo que los apasionados políticos detestan a los disidentes. No es raro que un científico menosprecie a los partidarios de otra doctrina. La fragmentación es adaptativa: cuando es difícil pertenecer a una comunidad mundial, es fácil entrar en la iglesia del pueblo o en una capilla intelectual. La espiritualidad neolítica negociaba con varios dioses. Resulta práctico hacer ofrendas y sacrificios al dios especializado en la lluvia o en la guerra y a la diosa de la fertilidad. Pero el monoteísmo rechazó el diálogo: «Derrocaréis sus altares, destrozaréis sus estelas, cortaréis sus emblemas sagrados. No te postrarás ante otro dios, ya que Yahvé tiene por nombre los celos», se puede leer en el Éxodo.[15] Los dioses de los otros son falsos y sus creencias infieles.

Por fortuna, las religiones evolucionan, incluso cuando se consideran fundamentales, respetando la letra del texto de sus orígenes. Cuando San Francisco de Asís hizo evolucionar al cristianismo hacia la pobreza, cambió la Europa del siglo XIII.[16] Georges Duby, historiador, señaló el nacimiento del individualismo en Occidente cuando el cristianismo reconoció el valor de la persona, hombre o mujer.[17] Esto no impidió que esta bella evolución religiosa produjera la Inquisición y que existiera el colonialismo, mientras que hoy en día esta idea más bien anima a la democracia y a la descentralización de la fe hacia África y América Latina. Todas las religiones evolucionan, incluso cuando afirman lo contrario. Lo que importa es la interpretación de fórmulas poéticas, ambiguas, metafóricas (es un león) y metonímicas (una vela en el horizonte) que ofrecen la posibilidad de mil traducciones. La forma de utilizar los textos

---

15. En los diez mandamientos (Éxodo).
16. Dalarun, J., *François d'Assise en questions*, París, CNRS Editions, 2016.
17. Ariès, P.; Duby, G. (dir.), *Histoire de la vie privée*, tomo II: *De l'Europe féodale à la Renaissance*, op. cit.

sagrados depende del contexto actual. A la luz del presente se esclarece el pasado, cosa que deja vía libre a la manipulación ideológica de los textos sagrados.

La religión satisface una pirámide de necesidades:[18] primero cognitivas, luego emocionales, relacionales y morales. Esta pirámide tiene un efecto socializador que permite vivir con los otros, en todas las etapas del desarrollo. La espiritualidad es un éxtasis íntimo, intemporal, que todo hombre siente, incluso cuando dice vivir sin dios.

Desde el Neolítico, sabemos cómo influir en divinidades. Hay que rezar, hacer ofrendas de alimentos, de joyas y demostrar que los consideramos los más grandes entre todos los dioses sacrificando a algunos hombres en la guerra, a algunos niños en altares y una parte de nuestra sexualidad. Gracias a esta estrategia, les invitamos a hacer que llueva, que haya buenas cosechas, que nos protejan de las fuerzas del mal y que mejore la fecundidad de las mujeres, de forma que traigan al mundo agricultores, soldados y almas para adorar al dios. La diosa de la fecundidad, dueña de la vida, fue una de las primeras divinidades paleorrupestres.[19] Dibujadas en las grutas junto animales a los que admirábamos, temíamos, matábamos y comíamos, las mujeres se beneficiaban y eran víctimas de esta ambivalencia. Maravillan porque son bellas, deseables y en su vientre llevan a los bebés. Se las teme porque, al estar cerca de la animalidad, poseen el poder mágico de traer al mundo hombres vivos. Un sentimiento arcaico como éste explica por qué, debido a su «animalidad», son admiradas y causan miedo. Son divinizadas cuando traen al mundo a almas sobrenaturales.

---

18. Saroglou, V. (dir.), *Psychologie de la religion, op. cit.*, pág. 314.

19. Ferroul, Y., «*Grand-père, est-ce que tu crois en Dieu?*", *Dialogue avec ma petite-fille sur les religions*, La Pensée et les Hommes, Bruselas, 2016, pág. 23.

Las mujeres también admiran y temen a los hombres. Cuando la tecnología estaba en sus balbuceos, hace doce mil años, ellas padecían la brutalidad del contexto y morían muy jóvenes, normalmente dando a luz. Respondían mal a la violencia de los depredadores que nos devoraban, eran asesinadas y violadas por grupos humanos ajenos que venían a robarnos nuestros bienes. Las mujeres contaban con la violencia de sus hombres para protegerlas y aceptaban su dominio como caballeros servidores.

La exigencia de religiosidad depende fuertemente de la estructura del entorno. Un contexto estable y poco traumático, al disminuir la necesidad de religión, diluye los lazos sociales.[20] Los ateos en este caso sienten menos necesidad de apego a una fuerza extrema, por encima de la condición humana. Su sentimiento de pertenencia se ve satisfecho con encuentros culturales que distraen, como el arte, el deporte, las redes sociales y de amigos, en las que pueden compartir ideas similares.[21] Esto es suficiente para crear un sentimiento de familiaridad protectora.

Cuando la cultura se estructura mediante la religiosidad, toda persona encuentra a lo largo de su vida herramientas espirituales y rituales para satisfacer esta necesidad. Pero en una cultura sin dios, es el sujeto mismo el que debe buscar la base que le aporte seguridad (instructor, escritor, deportista, emprendedor o científico) para construir su autoestima y tejer su vínculo de apego. Es la misma persona la que debe encontrar el entorno al que quiere pertenecer buscando amigos para viajar,

---

20. Fincher, C. L.; Thornhill, R., «Parasite-stress promotes in group assortative sociality: The cases of strong family ties and heightened religiosity», *Behavioral and Brain Sciences*, 2012, 35 (2), págs. 61-79.

21. Sproull, L.; Faraj, S., «Atheism, sex and database: The Net as a social technology», en B. Kahin, J. Keller (dir.), *Public Access to the Internet*, Cambridge, MIT Press, 1995, págs. 62-81.

cenar, ir al teatro y compartir un mundo de pensamientos literarios, filosóficos o políticos.[22]

---

22. Diener, E.; Tay, L.; Myers, D. G., «The religion paradox: If religion makes people happy, why are so many dropping out?», *Journal of Personality and Social Psychology*, 2011, 101 (6), págs. 1278-1290.

22
Vivir y amar en un mundo sin dios

Hoy en día en el mundo hay dos estrategias distintas de existencia. El ateísmo minoritario (500 millones) se desarrolla rápidamente, pero la religiosidad mayoritaria (7.000 millones) no para de reforzarse. Los grupos religiosos se reforman y se cierran sobre sí mismos. El número de personas que vive sin dios varía según el contexto técnico y cultural. China se lleva la medalla de oro en esta forma de creencia con el 77% de filósofos religiosos, por un 14% de personas convencidas de la existencia de un dios. En Irlanda, el 54% de habitantes no obedecen a ninguna instancia divina, mientras que el 46% obedecen sus mandamientos.[1] El desarrollo de la increencia aumenta en países antes muy practicantes como Italia, España e incluso Estados Unidos, que aceptan todas las creencias pero juzgan severamente a quienes no tienen ninguna. En Francia, el 64% de las personas no se preocupan por Dios, mientras que otros lo veneran. El catolicismo, en caída libre, no obstante se está volviendo más visible.[2] Los judíos llevan *kipá* en espacios públicos, mientras que hace algunos años aconsejaban dejar la religiosidad para el hogar y en la calle era importante comportarse

---

1. Sondeo publicado en *Philosophie Magazine*, septiembre de 2013, 72, pág. 15.

2. Sondeo publicado en *Le Pèlerin*/Ifop, febrero-marzo de 2015.

como todo el mundo. Los musulmanes creyentes exponen sus vestimentas como actos de fe, inventan incluso sorprendentes trajes de baño que los países árabes prohíben porque consideran contrarios al islam.

Hay algunas normas generales:

- Los hombres viven más fácilmente sin dios que las mujeres.
- Los que no tienen dios votan más a menudo a la izquierda.
- Tienen más estudios y son más cultos que los creyentes.
- Están en el centro de las ciudades y los creyentes en la periferia.

Las epidemias de increencia golpean de forma desigual a los países: el 26% de italianos se desapegan de Dios, en comparación con el 31% de españoles, el 56% de alemanes, el 63% de los ingleses, el 73% de los franceses, el 84% de los checos.[3] Como en todos los contagios emocionales, las cifras varían mucho, en función del contexto cultural, los acontecimientos sociales y la manera de plantear la pregunta. Pero si vivimos en Italia, tendremos más probabilidad de dejarnos influir por Dios que si vivimos en la República Checa, donde ya casi no está presente en el alma de sus ciudadanos.

El contagio de las creencias evoluciona como todas las epidemias, que se apagan o resurgen dependiendo de los acontecimientos. Europa es poco creyente; en Estados Unidos, se nota una pequeña inflexión, una expansión en África, un fervor en América Latina y un incendio en Oriente Próximo.

En China la caída de la religión profana comunista, bautizada como «comunismo liberal» ha despertado a las religiones filosóficas como el budismo o el taoísmo, al igual que a las religiones sagradas como el cristianismo y el islam. Su hundimien-

---

3. Johnson, D., *God Is Watching You*, *op. cit.*, pág. 218.

to en Europa ha tenido efectos variables: el ferviente retorno de la ortodoxia en Rusia, una oleada de integrismo católico en Polonia, pero curiosamente ningún despertar religioso en Alemania del Este.

La evolución de las creencias ha modificado las instituciones. Se abren muchas escuelas religiosas y los dioses se convierten de nuevo en castigadores. La pena de muerte en Oriente Próximo, los castigos corporales en Irán, en Arabia Saudita y en Singapur, donde los latigazos a veces mortales se presentan como un castigo moral, ya que castigar a un hombre es visto como algo menos cruel que privarlo de libertad. La caída del orden comunista en Alemania del Este vio cómo aumentaba la delincuencia, pero no en China ni en Vietnam, donde la policía está compuesta por hombres del clan familiar. En Francia ya no es Dios quien vigila, son las cámaras las que graban los pasajes al acto sin, en realidad, impedirlos. La necesidad de creer es tan imperiosa que la religión acaba resurgiendo, sobre todo cuando ha sido perseguida.

El discreto avance del ateísmo en el mundo contrasta con la afirmación evidente de todas las religiones. ¿Por qué los que no creen no son más visibles, si los creyentes consagran mucho tiempo a representaciones magníficas? En las inmensas obras de arte que llamamos «mezquitas», «catedrales» o «templos» los fieles esculpen estatuas, pintan cuadros, disponen candelabros, tapices, molduras, murales, vitrales, vajilla de plata, órganos, instrumentos de música, campanas, llamamientos a la oración, perfumes, posturas o incluso movimientos de masas que crean espléndidos acontecimientos de trascendencia estética. Tras estas representaciones, los creyentes sienten que han vivido juntos experiencias fuertes, por encima de la realidad cotidiana. Han experimentado emociones sublimes, han estado cerca de Dios, están tranquilos, maravillados, como después de un acto de amor. Cuando vuelven a la tierra, ven que los no creyentes han continuado su insípida vida. ¿Cómo queréis que no sean condescendientes con esos pobres humanos que vegetan en la inmanencia, mientras que los creyentes acaban de vivir un acontecimiento extraordinario? Menosprecian a los no creyentes más que a los adoradores de falsos dioses. Esos creyentes —opinan ellos— se equivocan, pero al menos podemos comparar sus dioses con el nuestro. Sabemos de lo que hablamos, todos piensan que los dioses y las iglesias elevan al alma y ayudan a vivir en un mundo mejor.

Con los que no creen no se puede ni hablar, se arrastran por el suelo mientras que nosotros nos elevamos hacia los cielos. Como esto se puede argumentar, cada uno sólo puede imaginarse el mundo mental del otro. «Creen en cuentos de hadas», piensan los ateos. «Los librepensadores son individuos sin moral y sin sueños, ya que rechazan pertenecer a un grupo de creyentes solidarios y morales», afirman los religiosos, convencidos que sólo la fe funda la moral, el altruismo y la caridad.

Esta representación de uno mismo no la confirman las evaluaciones psicológicas. Los hijos de padres ateos son más morales y altruistas que los de padres religiosos,[4] quienes al heredar la religión de sus padres se convierten en vengadores contra los que tienen otra práctica religiosa, mientras que son solidarios y morales con quienes comparten con ellos los mismos ritos y creencias. Los no religiosos no tienen límites a su empatía, mientras que los religiosos sienten atracción hacia sus hermanos de religión y un menosprecio miedoso por los que viven sin dios.

Esta distinción es esquemática. Los ateos a veces se inventan a un dios de uso personal cuando lo necesitan: «Dios mío, haz que mi hijo se cure», rezan en su interior cuando están en una espera ansiosa. Al reclamar la ayuda de un dios sin liturgia demuestran

---

4. Decety, J.; Cowell, J. M.; Lee, K.; Mahasneh, R.; Malcolm-Smith, S.; Selcuk, B.; Zhou, X., «The negative association between religiousness and children's altruism across the world», *Current Biology*, 2015, 25 (22), págs. 2951-2955.

un comportamiento supersticioso que les ayuda a controlar una angustia insoportable. Incluso los niños piensan: «Si llego a la escuela evitando poner los pies en las juntas entre los adoquines, tendré una buena nota en matemáticas». Estos razonamientos están desprovistos de todo contenido moral, de autoestima, de solidaridad y de trascendencia. Así que no se puede hablar de religión. No obstante, este ritual que sabemos que es ilógico, apacigua la angustia dando la impresión de controlar la realidad. Nada que ver con una creencia religiosa, ni con una protección sobrenatural, basta con construir una representación de providencia, cruzar los dedos, tocar madera para sentirse protegido. Un creyente, tanto como un no creyente, evitan pasar por debajo de una escalera para que no les traiga mala suerte, manifestando así un comportamiento supersticioso y no religioso.

Estas creencias ilógicas no actúan sobre la realidad, pero influyen en la representación de la misma. Basta con establecer una causalidad clara: «Si no paso por debajo de la escalera evito la mala suerte». Esta ilusión explicativa es eficaz, porque todos tenemos la capacidad de someternos a las representaciones que inventamos. Sólo hay que observar el comportamiento de deportistas antes de un partido. Muchos de ellos besan una medalla, se ponen bien los calcetines que llevaban el día que ganaron un torneo o repiten una secuencia de conducta extraña. Sonriendo, reconocen que todo esto es mágico, pero lo hacen de todas formas porque saben, por experiencia, que esta conducta absurda les tranquiliza.

En los entornos científicos estrictos en los que el método experimental reduce el fenómeno para encontrar la causa, las creencias religiosas y las supersticiones no son infrecuentes. En las ciencias humanas, en psiquiatría y en psicología en particular,[5] a los profesionales les gustaría encontrar una causa

---

5. Johnson, D.; *God Is Watching You*, op. cit., pág. 101.

única del sufrimiento físico: esto simplificaría el tratamiento. Pero el clínico entiende pronto que lo que provoca el sufrimiento es una convergencia de causas y que esto no simplifica el problema. Por este motivo algunos psicólogos dan lustre a su pensamiento explicando el fenómeno mediante una sola causa: «Se ha vuelto obsesivo a los 30 años porque, cuando tenía 18 meses, su madre lo acotaba violentamente».

Y viceversa, no creyentes más convencidos pueden tener iluminaciones metafísicas. Cuando Jean Kéhayan supo que le habían otorgado la Legión de honor, se sorprendió por su reacción psicológica: «¡Si me vieran mis padres...!». Nosotros, seres humanos, estamos tan hechos para la teoría de la mente que podemos, en un instante, atribuir un mundo mental a personas que ya no existen. Jean Kéhayan, hijo de armenios supervivientes del genocidio que aceptaron sufrir sin decir nada para que sus hijos aprendieran francés, les atribuyó un orgullo que habrían sentido al ver a su hijo reconocido por Francia. No fue una reacción religiosa, ni supersticiosa, fue una reacción afectuosa de un niño de 65 años que atribuía un sentimiento de orgullo a sus padres desaparecidos. Sólo estaban muertos en la realidad, aún vivían en su memoria: «Estarían contentos de ver que su sufrimiento valió la pena. Estoy integrado, soy aceptado, yo, hijo de inmigrantes, soy reconocido en Francia».

Es difícil escapar a los relatos del contexto. ¿Cómo pensar que Dios no existe en un contexto donde todo el mundo habla de él, donde muchos objetos lo representan y las reuniones con Él se organizan siguiendo rituales bellos y exaltantes? Cuando los acontecimientos importantes de una existencia, como un matrimonio, un nacimiento o una muerte, se atribuyen a un poder reconfortante o poderoso, ¿cómo queréis que el creyente no se haga de ello una representación metafísica? Esto equivale a decir que cuando los relatos se inflaman, la fiebre religiosa recalienta la fe. Y viceversa, cuando la cultura se tranquiliza hay menos urgencia para acercarse a Dios.

Los latinoamericanos y los africanos de hoy viven cada día con Dios en bellas iglesias donde se cantan emocionantes plegarias y en calles en las que se organizan espectaculares procesiones. Los europeos viven en un mundo sombrío y rutinario donde la representación se difumina y se aleja de Él.

Cuando el amor de lo Mismo se asocia al menosprecio de lo Otro, este sentimiento entremezclado causa un desdén hacia quienes no piensan como se debe pensar: «Si Dios no existe, todo está permitido». En esta frase, Dostoievski[6] afirma que sólo los creyentes son morales. Jean-Paul Sartre se valió de esta idea para explicar que un creyente es moral a causa del yugo de los enunciados divinos, mientras que un hombre sin dios está en una completa indeterminación, es un «prisionero de la libertad». Desde un razonamiento laico, se mencionan más bien las presiones culturales como explicación de que el 99% de los egipcios piense hoy en día que un hombre sin dios es inmoral, mientras que sólo el 17% de los franceses piensen así. En Europa, se dice que la moral se funda en la empatía. Cuando uno se pone en el lugar del Otro, ya no nos lo podemos permitir todo, no son necesarias prohibiciones divinas para no pasar al acto. Una teoría de la mente que atribuye las intenciones, deseos y creencias a entidades invisibles hace que la malevolencia o la benevolencia de un fantasma, ángel, maestro o vecino sea percibida como algo evidente.

Entre los 7.500 millones de seres humanos en el mundo, más de 4.000 millones creen en una fuerza sobrenatural llamada «Dios» que nos ama y protege:

- 3.500 millones de monoteístas, cristianos y musulmanes (no cuento a los judíos, que sólo son 14,5 millones).

---

6. Dostoievski, F., *Les Frères Karamazov*, 1879-1880. «¿Qué hacer si Dios no existe? [...] En este caso, el hombre sería el rey de la tierra y del universo [...], ¿Cómo sería virtuoso sin Dios? [...] [Si la virtud] es algo relativo [...] entonces todo está permitido, Ivan Karamazov».

- 1.500 millones de filosofías religiosas asiáticas.
- 2.500 millones que no aparecen mucho en el libro porque no he sabido descubrir las religiones desconocidas o efímeras que nacen y mueren cada día.[7]

Durante el siglo XXI una religión en vías de desarrollo podría ser el «ateísmo». En esta forma de espiritualidad humanista, las personas sin dios no hacen cualquier cosa. Las encuestas poblacionales llegan a la conclusión de que hay tanta delincuencia e inmoralidad en creyentes como en no creyentes. La diferencia proviene del hecho de que los creyentes piensan que lo prohibido es una fuerza exterior, una ley divina intransgredible que les impide matar o robar: «No hay que hacer esto», dicen. Mientras que los no creyentes más bien sienten una inhibición íntima, un freno que les impide pasar al acto: «No puedo». Las sociedades sin dios son tan morales como las que creen ser gobernadas por una instancia divina. Cuando los deístas o los ateos pasan al acto, matan y roban sin vergüenza ni culpabilidad, siempre encuentran una buena razón, una legítima defensa o una indignación virtuosa. La Inquisición fue creada en 1066 para recuperar la Tumba de Cristo saqueada por los árabes. La persecución de los judíos en Europa fue legitimada con el pretexto de proteger a la bella raza aria de aquella escoria que quería dominarla y apropiarse de sus bienes.

Las investigaciones no impiden a los creyentes afirmar que los no creyentes son inmorales. No tener dios es una postura inmoral, dicen el 99% de egipcios, 84% de turcos, el 82% de nigerianos, el 66% de hindúes, el 57% de estadounidenses, el 30% de canadienses, el 22% de ingleses, el 17% de franceses y el 10% de suecos.[8]

---

7. Zuckerman, P., «Atheism: Contemporary numbers and patterns», art. cit., págs. 47-65.

8. Johnson, D., *God Is Watching You*, op. cit., págs. 214-213.

Los creyentes son infelices cuando uno de sus hijos se casa con un no creyente o con alguien de otra religión. Tienen la impresión de perder al joven que ya no irá a la mezquita o a la iglesia del pueblo. Casarse con alguien que no comparte las mismas representaciones y rituales es visto como un abandono y una traición. Es una gran pena para los padres o un motivo de cólera que pone a los hijos en un lugar difícil: «Si me caso con este hombre o mujer a quien amo, haré daño a mis padres, a quienes también amo. Pero si no me caso, me haré daño a mí mismo y a aquel o aquella a quien también amo. Si me someto a la ley de mis padres y a sus creencias, destruyo una parte de mi existencia. Si me quedo con ellos seré desdichado, ya que habré aceptado perder un amor para no hacerles daño».

¡El matrimonio concertado es mucho más fácil! Los padres, el sacerdote y una casamentera proponen una selección de posibles aspirantes. Uno de ellos será aceptado. Esta estrategia religiosa, social, afectiva y sexual refuerza el vínculo protector. El grupo funciona mejor, el apego llegará más tarde, cuando los cónyuges habrán tejido el vínculo de la vida cotidiana y de las prescripciones espirituales y morales de los padres. El matrimonio pactado a menudo es beneficioso, todo el mundo está contento, los jóvenes construyen una nueva familia que se inscribe en el linaje, los padres son felices de ayudar a sus hijos, los casados siguen con sus tradiciones y creencias. Estabilidad, seguridad, afecto, solidaridad, autoestima y moralidad: es algo bueno renunciar al amor que desgarra y reemplazarlo por un apego y una sexualidad que socializan y moralizan.

23
Amor revolucionario y apego conservador

El amor es revolucionario y el apego conservador. Romeo y Julieta, Abelardo y Eloísa vivieron esta cruel experiencia, ya que al provocar la guerra entre clanes familiares y religiosos, murieron de amor y fueron sacrificados por haber rechazado someterse a las normas sociales. Romeo y Julieta se aman a pesar del odio entre los Montesco y los Capuleto. La joven Eloísa y el adulto Abelardo comparten un amor carnal magnífico a pesar de las prohibiciones religiosas. Su libertad es una transgresión, un desgarro social, mientras que un matrimonio pactado habría reforzado la solidaridad del grupo y tejido un vínculo de apego duradero.

Todo sucede como si hubiera un equilibrio entre dos opuestos: el amor que da la fuerza para abandonar el grupo de origen se opone al apego que refuerza el vínculo. Por fortuna, una pareja amorosa a menudo evoluciona hacia al apego, que es una forma de amar más protectora, y una pareja pactada afronta la prueba de reforzar el vínculo apoyándose en Dios: «Antes dudaba de mí. Creí en Ti y esto me dio confianza. Ahora que creo en mí, dudo de Ti», dice un chico arrodillado en una gloriosa catedral.[1] El dibujante Sempé confirma, con humor, la teoría de la pareja de opuestos. Cuando Dios da confianza, lo necesita-

---

1. Sempe, *Quelques mystiques*, Denoël, París,1998.

mos menos. El amor duradero se convierte en agotador cuando no evoluciona hacia un apego tranquilizador, cuando no pasa de la fiebre amorosa al bienestar tranquilo del afecto. Mientras que el apego protector evoluciona hacia la anestesia afectiva hasta el momento en que una alerta, un riesgo de pérdida, despierta de pronto el apego dormido: «No me daba cuenta de hasta qué punto la necesitaba».

El pequeño pueblo de La Seyne, cerca de Toulon, sufrió mucho durante la Segunda Guerra Mundial. La importancia de los astilleros navales y las reservas de combustible hicieron que la ocupación alemana fuera cruel. En mayo de 1944, los bombardeos aliados aterraron a la población, que se refugió en el túnel del colector que expulsaba las aguas residuales de Toulon y de La Seyne. El gas carbónico empezó a asfixiar a algunas personas que se debatían para salir de allí mientras que otras luchaban para entrar buscando refugio. Estelle tenía ocho años cuando entró en el túnel con su padre. Detestaba a aquel hombre rudo y trabajador con el que tenía poca relación. Cuando la niña entendió que su padre iba a morir asfixiado, lo miró por primera vez y le apretó la mano intensamente. El ambiente se despejó a tiempo para ellos. Su padre no murió y Estelle se sorprendió al sentir un afecto que permaneció durante el resto de su vida.

Cuando las condiciones exteriores crean un riesgo de pérdida inminente, el apego se activa mediante la felicidad de los reencuentros. La niña sintió «voy a perder a mi padre» y, cuando volvió el aire, se sintió profundamente feliz cogiendo de la mano aquel hombre, que de pronto era alguien importante para ella. Este fenómeno de activación del apego es habitual durante los entierros, cuando se acompaña a un ser querido pensando «debería haberlo visto más a menudo». Necesitamos idealizar la muerte, mirar su foto, cuidar los objetos que aún lo representan. No soportamos decir cosas malas de él, aunque cuando en vida nos molestaba.

A un nivel más cotidiano, basta con constatar la felicidad que sentimos encontrando las llaves del coche perdidas después de media hora. ¡Qué placer da este rebrote del apego! Si no hubiéramos sentido el disgusto de perderlas y de tener que buscarlas, nunca hubiéramos sido conscientes de su importancia. La pérdida momentánea activa el placer del reencuentro.

La naturaleza humana está hecha de tal manear que no podemos no crear sociedad. Un bebé aislado no tiene ninguna oportunidad de sobrevivir. Un niño solo no puede impregnarse de la lengua materna, de los valores y creencias que le rodean. Aprende a ser lo que los otros son gracias a sus figuras de apego. Hacia el tercer año de vida, se socializa mediante el afecto y la palabra, dentro de una alianza de clan, ya que no habla con aquellos de quienes desconfía. Hacia la edad de 6-8 años, accede a la teoría de la mente. Su buen desarrollo neurobiológico y psicológico le hace capaz de atribuir una intención a una fuerza invisible. Se socializa consagrándose a una fuerza sobrenatural que le da acceso a la espiritualidad, la superación de sí mismo, se alía con sus hermanos en la trascendencia para aproximarse a Dios.

También se crea sociedad gracias a una estrategia menos espiritual. Podemos atribuir una fuerza sobrehumana a la idea que tenemos sobre otra persona, de que todo lo sabe, todo lo entiende y toma las decisiones que protegen al grupo. No se necesita a un Dios sobrenatural para esto, un hombre por encima de los demás basta para esta trascendencia: Luís XIV, Napoleón, Hitler, Marx, Stalin, Mao, Castro y muchos otros han causado verdaderos éxtasis populares, movimientos de amor hacia todos aquellos que comparten la fe en estos hombres que eran considerados infalibles.

También se puede hacer sociedad entre hombres sin adorar a superhombres. Somos nosotros los que firmamos el contrato social sabiendo perfectamente que no somos más que seres humanos falibles y que será necesario renovar el contrato para que evolucione. Esta sociabilidad es inestable, conflictiva y costosa, pero también es evolutiva y creativa. La estrategia democrática gusta a los que gustan de los debates, cuestionamientos y soluciones inesperadas. Estas «conversaciones», a menudo contaminadas por el odio, angustian a quienes necesitan certidumbre y se tranquilizan cuando son gobernados por imágenes sobrehumanas a las que delegan el poder de decidir.

¿Es ésta la razón que explica las estrategias contrarias que constatamos hoy en día? El ateísmo democrático de los amantes de la evolución, ¿se opone al retorno a Dios de los que se extasían con las verdades eternas? La expresión de mil personalidades distintas, posibilitada por la democracia, crea un sentimiento de caos en el mundo mental de los que se sienten protegidos por un marco sagrado imposible de trasgredir.

El retorno de lo religioso espectacular se establece al mismo tiempo que el desarrollo del ateísmo discreto. Desde la Segunda Guerra Mundial, el islam ha tenido un desarrollo extraordinario: 350 millones de musulmanes en 1945,[2] 1.500 millones en 2010. El catolicismo cambia de continente, se apaga en Europa, pero florece en África y América Latina para llegar a una población tan grande como la de los musulmanes. Los protestantes, menos numerosos, austeros y trabajadores, tienen el poder en Norteamérica.

Los judíos, poco numerosos (menos de 15 millones), están sorprendentemente muy presentes en los relatos sociales y religiosos. Los cristianos y musulmanes se refieren a ellos cada vez más. En los relatos políticos las frases mediáticas se fijan en el más mínimo problema con un judío, mientras que dejan en la sombra catástrofes mil veces más graves, pero sin judíos

---

2. Prefectura de París, 6 diciembre 1976, investigación hecha con ocasión de la condecoración de gran oficial de la Legión de honor a Cherif Mecheri.

implicados. En los relatos culturales, se ensalza o critica la sobrerrepresentación de judíos.

Es probable que esta tendencia se acentúe en adelante. El hinduismo, el cristianismo y el islam, el 50% de la población mundial en 1900, alcanza el 64% en el año 2000 y probablemente serán el 80% en 2030.[3] Las mujeres musulmanas traían al mundo siete hijos, las judías piadosas seis, las cristianas de tres a cuatro y las mujeres sin dios a dos. El número de niños por mujer está disminuyendo en todas las religiones, ya que al descubrir la felicidad de convertirse en personas las mujeres se sacrifican menos.

La visión religiosa del mundo se desarrolla. ¿Se impondrá? Constatamos un retorno del matrimonio pactado en hindúes, musulmanes y judíos. La expresión «matrimonio pactado» no es muy pertinente, ya que todos los matrimonios lo son, pero las determinantes no son las mismas. Los matrimonios concertados sagrados se refieren a las leyes del mismo dios, cosa que refuerza la solidaridad y la filiación de los creyentes. Mientras que los matrimonios laicos están determinados por una educación al mismo nivel, por compartir un proyecto de vida y por el patrimonio de los padres.

La separación de las sociedades ya no se produce entre aristócratas de sangre azul y el pueblo que sobrevive a duras penas, ni entre propietarios de tierras, fábricas o tiendas y proletarios que alquilan sus brazos para no morir de hambre. La separación es entre no creyentes y educados por la religión.

El problema, entonces, es instruir a todos los niños, creyentes o no creyentes, en el hecho religioso.[4] No se trata de enseñarles a rezar, las familias y los sacerdotes ya lo hacen muy bien. Se

---

3. Kepel, G., *Terreur dans l'Hexagone*, Gallimard, París, 2015.

4. Debray, R., *L'Avenir de l'enseignement du fait religieux dans l'école laïque*, Institut Diderot, París, 2015.

171

trata de hacer entender el efecto de la plegaria en los creyentes, y cómo los no creyentes consiguen vivir moralmente en un mundo sin oración. La separación es peligrosa, porque los no creyentes creen que toda religión lleva al fanatismo, mientras que los creyentes recurren a las humillaciones y vejaciones para legitimar su propia agresividad. Cuando se pregunta a los estadounidenses: «¿Votaría usted a un presidente católico?», se obtiene un 95% de respuestas afirmativas. Los resultados son similares en un africano (94%), un judío (92%) o en mujeres (88%). Aunque son menos favorables a un presidente viejo (57%) u homosexual (55%). Pero en cambio, no elegirían a un presidente ateo (45%).[5]

---

5. Norenzayan, A., *Big Gods : How Religion Transformed Cooperation and Conflict*, Princeton University Press, Princeton (NJ), 2013, págs. 66-67, citando un sondeo de Gallup, 2007.

24
Mundialización y búsqueda de Dios

La mundialización de las técnicas, del comercio, de la circulación de servicios y de los jóvenes educados provoca la balcanización de las nacionalidades y mentalidades. Es imposible pertenecer a todo el mundo, es demasiado diverso, nuestra identidad se perdería. Entonces buscamos nuestras raíces, ancestros, sus rituales olvidados y nuestras filiaciones imaginarias. Recreamos comunidades en las que encontramos a nuestros allegados y compartimos las creencias con las que nos elevamos por encima de la inmanencia, nos damos apoyo en caso de desgracia y los relatos del grupo dan sentido al milagro de ser.

En 1945, había en el mundo 72 Estados cuyas fronteras habían sido trazadas de forma aproximada. Hoy hay 197, sin contar los que aspiran a serlo. Estamos en nuestras casas, hablamos la misma lengua, compartimos el mismo territorio, tejemos los mismos vínculos, rezamos al mismo dios. Nuestra identidad se simplifica, está clara, nuestra certidumbre se sustituye por recitaciones que dan impresión de ser pensamientos. Tenemos la convicción de estar en lo cierto, puesto que decimos las mismas palabras, todos juntos, al mismo tiempo, en un mismo lugar. El futuro pertenece al pasado, las tribus vuelven con fuerza, como vemos en los países, cada vez más numerosos, que desean cerrarse para quedarse solos, calentitos, ayudándose entre ellos y queriéndose mutuamente. En estas naciones se piensa que los que quieren abrir las barreras son agresores y que quienes no recitan los mismos encantamientos son blasfemos: «Estos desviados nos ponen en peligro, actuamos en legítima defensa cuando los matamos por un dibujo que no nos gusta, cuando los exterminamos porque dudan de nuestras plegarias o critican un punto del dogma».

La sumisión al pasado y la rigidez defensiva explican por qué es difícil organizar un coloquio sobre la psicología de la religión o hacer un curso a este respecto en un instituto. Los infieles no osan pensar en Dios puesto que no les interesa, y los creyentes van a la guerra por una palabra mal entendida.

Los que han sido abandonados por una cultura no son increyentes. Buscan un dios pero no saben dónde se esconde, ya que ni en la familia ni en el barrio pueden encontrarlo. Estos jóvenes erran como almas en pena, esperando que una autoridad quiera darles un marco y un proyecto.

Cuando yo practicaba como médico, me sorprendían los pequeños delincuentes que deseaban enrolarse en el ejército, preferiblemente en los batallones con mucha disciplina. Su delincuencia se detenía desde el momento en que obedecían al ejército. Al no tener ya problemas de elección, dejaban de estar angustiados. En la Legión Extranjera, aceptaban todas las órdenes, incluso las más duras, incoherentes, estúpidas, sin rechistar. Cuando se retiraban, su catástrofe psíquica reaparecía. Se sentían solos, responsables e incapaces de planificar su futuro. Pasaban al acto para satisfacer un impulso inmediato y entraban en prisión. Ahí se producía algo parecido, pero de forma diferente porque el contexto era distinto. Esos jóvenes, que se creían rebeldes cuando no estaban más que desorientados, sumidos en movimientos pulsionales, se sentían tranquilos, felices de obedecer a un imán de pacotilla, a un gurú religioso que se aprovechaba de su necesidad de sumisión para convertirlos en fanáticos del islam. La mayor parte de los imanes son buenas personas, pero un joven perdido, expulsado de toda cultura, incluso religiosa, no sabe ver la diferencia.

La laicidad no se opone a la religión, se trata más bien de dos estrategias de existencia distintas. La laicidad y la religión son sistemas de creencias distintos porque todo ser humano bien desarrollado no puede no acceder a la teoría de la mente que atribuye intenciones, deseos y creencias a otras personas, grupos o a entidades invisibles. No pasar por debajo de una escalera para sentirse protegido de un accidente, hacer una ofrenda alimentaria al espíritu del bosque, subir una montaña sagrada cantando y con tambores para implorar que los ancestros permanezcan en el mundo de los muertos y no molesten a los vivos: son innumerables las creencias que no tienen nada que ver con la religión, pues no son más que meras manipulaciones de lo invisible. El psiquismo tiene horror del vacío, la angustia nos apresa cuando estamos en el fondo del pozo, de la nada, de la muerte, del infinito. Rápidamente llenamos este desierto de sentido produciendo entidades, sentencias nostradámicas misteriosas y poéticas, imágenes, cantos y gestos a los que atribuimos el poder de acción sobre lo real invisible. El espíritu humano es un «gran fabricante de dioses»,[1] entre 10.000 y 50.000 según la definición que damos a la palabra «dios». En Occidente creemos que los dioses son pocos porque vivimos en continentes marcados por el monoteísmo, pero en otros tiempos u otros lugares, miles de seres humanos viven sintiendo realmente una presencia divina. Experimentan una emoción luminosa, adoptan una postura que expresa el sentimiento atrayente y terrorífico de lo sagrado. Se ponen de rodillas, rezan con los ojos vueltos hacia al cielo, se encorvan hacia el suelo, se postran para mostrar su sumisión absoluta. Se

---

1. Caviglioli, D., «Les dieux sont parmi nous», *L'Obs*, 22 de diciembre de 2016, 2720, pág. 116.

golpean, sintiéndose mancillados por el pecado, cuentan una historia maravillosa e increíble para convencernos de que es precisamente por esto por lo que hay que creer. Vivir es increíble, entonces, ¿por qué no Dios?

La religión utiliza nuestra capacidad para fabricar un mundo real, compuesto de gestos, palabras y obras de arte, destinados a gobernar otro mundo invisible. Nuestra sumisión gobierna el mundo invisible que nos gobierna. Nos sometemos para complacer al poder divino, amansarlo, seducirlo para que acceda a nuestros deseos. Es un sistema de prácticas, una forma de alimentarse, vestirse, nacer y morir que actúa sobre lo real para protegernos.

Lo real concretiza nuestra imaginación construyendo maravillosas capillas, representando gestos, palabras, objetos de arte y olores de incienso que se impregnan en nuestra memoria, orientan nuestro desarrollo, y a veces incluso algunas zonas cerebrales. Moldeados así por los objetos que acabamos de inventar, sentimos físicamente la creencia por la que hemos construido nuestro entorno.

Desde hace más de veinte años, los neurocientíficos intentan descubrir en el cerebro la región que se activaría al sentir sentía la fe.[2] No se trata, evidentemente, de la zona cerebral de Dios, sino más bien de hacer visibles las áreas cerebrales que se activan durante la oración o los éxtasis religiosos. Cuando se pide a un no creyente que rece para registrar su reacción cerebral mientras se practica una resonancia magnética funcional, vemos que su cerebro reacciona poco ante esta disposición mental. En cambio, en un creyente, vemos «encenderse» los dos lóbulos prefrontales conectados al sistema límbico. Este circuito cerebral es el que funciona cuando el sujeto, voluntariamente,

---

2. Salthun-Lassalle, B., «Existe-t-il une region centrale de la religiosite?», *Cerveau & Psycho*, noviembre de 2014-enero de 2015, n° 20: *Croyances. Tous concernés?*, pág. 18.

va en busca de recuerdos y los asocia con emociones. No es algo característico de un circuito de la religiosidad, sino que indica que ciertas personas, durante su educación, han entrenado su cerebro para ir a buscar en su pasado recuerdos desencadenantes de emociones fuertes. Cuando eran niños, durante la época de aprendizaje fulgurante en la que se impregnan los rostros de los padres y los lugares del entorno, en la que adquirimos en diez meses toda la lengua materna, estas personas se desarrollaron en un entorno afectivo que les impulsó a hacer este tipo de *performances*: aprendieron a creer. Y durante toda su vida, sabrán encontrar, buscar en su memoria el sentimiento religioso estructurado por su cultura. Se les ha empujado a creer gracias a los objetos, lugares, posturas y palabras que revelan la fe. Los circuitos cerebrales no muestran ni la zona de Dios ni la religiosidad, sino que demuestran que un entorno afectivo estructurado por creencias religiosas se impregna biológicamente en el cerebro y facilita la recuperación del sentimiento de éxtasis o de trascendencia, adquirido durante la infancia.

Otros momentos propicios, con aprendizajes fulgurantes, pueden ocurrir durante toda la vida. La conversión repentina durante la adolescencia muestra una manera de volverse autónomo oponiéndose a las creencias de la familia. Una Revelación exaltada encandila a un nuevo creyente y le saca del desierto del sentido en el que antes erraba. Las sacudidas emocionales intensas, como un trauma o una fascinación, pueden tener este efecto de iluminación repentina.

25
Religión, amor y odio de la música

La laicidad fabrica lo social gracias a las leyes que estructuran el entorno donde aprendemos a vivir. La religión fabrica lo social gracias a los rituales sagrados que organizan la vida colectiva, estableciendo escenografías que representan a Dios e inducen a compartir los sentimientos religiosos. Estas estrategias de socialización son distintas y a veces opuestas.

En la socialización laica, la comprensión se produce entre seres humanos. Es momentáneamente aceptable y por tanto negociable. Permite mil evoluciones distintas según las divergencias de opinión, conflictos, alianzas y presiones del entorno tecnológico o cultural. En un entorno estructurado por la laicidad, hay que leer mil relatos, visitar cien culturas, conocer a infinidad de personas con creencias distintas e intentar vivir con ellas.

La socialización religiosa es sagrada, universal. Verdadera de una vez por todas, no es negociable. Para socializarse en un contexto así, es mejor aprender un solo relato, estudiarlo a fundo y reunirse entre hermanos para compartirlo. Esta estrategia unificadora restringe el libre albedrío, pero protege mucho.

Las fiestas, sean laicas o religiosas, son aglutinadores sociales, una suerte de sincronizadores emocionales. Se organizan reuniones para facilitar el contagio mediante el cuerpo a cuerpo, palabra a palabra o mediante el espectáculo de trances. Se sea religioso o laico, la sincronización se lleva a cabo mediante vestidos que describen la forma de erotizar, socializar o mostrar el nombre del dios al que uno se somete. Las escenografías de las misas ortodoxas o católicas son magníficas óperas. Los protestantes explican paraverbalmente, con la simplicidad de sus vestidos, su voluntad de austeridad y de valentía, cómo moralizan a la familia y valoran al éxito social. Los judíos van a la sinagoga, la *schoule* (escuela), para rezar, charlar y hacer bromas sobre Dios. Se preparan para la plegaria envolviendo sus brazos de un cordel fino (*tefilín*) y dos cajitas, o se aíslan bajo un chal para encontrarse con Dios íntimamente. Las religiones lejanas, mal conocidas en Occidente, preparan otras mil representaciones para acercarse a su dios.

Las construcciones sagradas y los objetos de culto que nos elevan hacia Él dan la impresión de un orden fijo. Los templos laicos se construyen más bien en lugares públicos, calles y establecimientos donde los no creyentes expresan sus personalidades infinitamente variadas, gracias al estilo de vestimenta y a millones de teorías coherentes y divergentes que pueden dar la impresión de caos.

El desorden evolutivo es inevitable ya que los entornos e individuos no cesan de cambiar, esperando la reorganización adaptada a un nuevo contexto. El caos da la impresión de un ruido mortífero, como durante un desastre natural (*tsunami*) o cultural (guerra), en los que el hombre en agonía pierde toda esperanza, salvo cuando Dios existe para él. Estamos obligados a vivir juntos para crear entornos que nos dan forma, disponer de tutores de desarrollo en torno a nuestros hijos e inventar relatos que dan sentido a nuestra existencia.

El sexo, que da la vida y fabrica lo social, es la actividad humana más estructurada por lo sagrado y las prohibiciones. La comida, que permite no morir, exige la cooperación y compartir el placer. La música sincroniza las emociones de un grupo durante las danzas o manifestaciones de masas en las que se propagan las creencias. Es una fuerza social deliciosa e insidiosa en la que el individuo, columpiado o exaltado, se siente feliz de estar poseído por un ritmo y una armonía. Sin música, una multitud no sería más que una acumulación de individuos. Gracias a ella, todos se relacionan, emocionándose juntos al llorar, extasiarse o caminar como una sola persona.

La sexualidad, la comida y la música son el conjunto funcional que estructura el «estar-juntos». Podemos experimentar una Revelación, un éxtasis íntimo sin música, como un maravillado que quiere compartir su felicidad o ansiedad, que de repente se convierte en euforia. También podemos disfrutar de una música sin fe, como las danzas populares, las tonadillas para canturrear o los desahogos de las salas de guardia. Pero cuando se trata de sincronizar las emociones y los movimientos de un grupo, ya sea militar o religioso, la música es una herramienta sorprendentemente eficaz. El ritmo de los tambores es una hipnosis que lleva a los soldados a una muerte sin angustia. Basta con marchar al paso, para no pensar, dejarse llevar.

Cuando hemos sentido juntos el placer de la buena comida, una relación sexual o un concierto junto a alguien, experimentamos un agradable sentimiento de intimidad. Iniciados por la felicidad de haber vencido a la muerte, de dar y recibir el placer del sexo, de compartir la comida y la música que hemos disfrutado juntos, nos sentimos familiares. Los placeres ritualizados «acaban disolviendo los límites que separan a los individuos. Los unen sustituyendo su identidad personal por una identidad de grupo».[1] La música, inseparable de los rituales religiosos, trae una felicidad que lleva al éxtasis.[2] Durante

---

1. Rime, B., «Emotion elicits the social sharing of emotion: Theory and empirical review», *Emotion Review*, 2009, 1 (1), págs. 60-85 ; Rime, B., *Le Partage social des émotions*, PUF, París, 2005.

2. Becker, J., «Anthropological perspectives on music and emotion», en P. Juslin, J. Sloboda (dir.), *Music and Emotion*, Oxford University Press, Oxford, 2001, pág. 135-160.

las guerras napoleónicas los oficiales no gritaban «¡Al ataque!»: como vemos en los filmes más documentados, decían «¡Música!», y el batallón se tambaleaba para marchar hacia la muerte, codo con codo, dejándose llevar por la belleza del repicar de los tambores. Cuando niños de cuatro años tocan música juntos, se comprueba la solidaridad creciente de los pequeños músicos, que cooperan y se agrupan más fácilmente.[3] En todas las religiones, la música funciona como un aglutinador del grupo, un sincronizador de cuerpos y almas. Hace algunos años, los futbolistas inmigrantes no se imaginaban cantando *La Marsellesa* con sus compañeros nacidos en Francia. Fue un escándalo músico-patriótico, y hoy los entrenadores velan por que todos los jugadores canten el himno nacional.

El placer musical es preverbal. Desde la edad de 6 a 8 meses, sabemos que los bebés disfrutan de la música cuando les vemos sentados, todavía incapaces de andar, girar las manos y sacudir la cabeza para sincronizarse con lo que oyen. Los soldados que cantan y caminan al paso y el gran placer que dan las corales uniformizan los mundos íntimos. La aptitud para la música es universal. Sea cual sea la cultura, todos los humanos la entienden. Se dice que del 8 al 10% de la población no puede disfrutar de ella por razones genéticas o después de un accidente vascular cerebral.[4] El sexo es metafísico, ya que da la vida que a su vez lleva a la muerte. El componente biológico de la comida implica compartirlo afectivamente y la cooperación social. Y la aptitud neurológica para la música explica la prosodia de las plegarias y de los cantos religiosos. Cuando los soldados

---

3. Kirschner, S.; Tomasello, M., «Joint music making promotes prosocial behaviour in 4-year-old children», *Evolution and Human Behaviour*, 2010, 31, págs. 354-364.

4. Albouy, P.; Mattout, J.; Bouet, R. *et al.*, «Impaired pitch perception and memory in congenital amusia: The deficit starts in the auditory cortex», *Brain*, 2013, 136 (5), págs. 1639-1661.

marchan codo con codo cantando frente a la muerte, el miedo se acalla o se transforma en éxtasis. Cuando desfilan «cantando victoria» a pesar de la muerte: «Si ves... a mi madre... dile que morí en combate...», ¡qué emoción, qué belleza! El horror de la muerte ha sido trascendido convirtiéndose en amor materno. Cuando cantamos juntos, pertenecemos al mismo cuerpo.

La creencia no aparece aún en este proceso preverbal, pero el sentimiento de pertenencia es tan fuerte, la comunión tan dulce que es difícil no armonizarse con nuestros compañeros de danza o de canto. Cuando lleguen los relatos estaremos preparados para entender, como los niños, que creen lo que les cuentan sus figuras de apego. El relato de un extraño causa escepticismo, mientras que el relato explicado por alguien a quien queremos induce un deseo de compartir, una comunión afectiva. La música es una maravillosa trampa en la que nos dejamos atrapar felizmente; es una «efervescencia colectiva», decía Émile Durkheim, el fundador de la sociología; es «la fiebre del sábado noche», precisaba el actor John Travolta.

La música es un riesgo maravilloso. Nos engaña porque consentimos cuando nos ofrece lo que esperamos. La melodía estimula en nuestro cerebro algunas neuronas que captan precisamente este tipo de informaciones.[5] Una penetración como ésta desencadena en nosotros un placer orgásmico, una felicidad sin razón que la cultura enmarca en salas de concierto, reuniones públicas, coros de iglesia y llamamientos a la oración.

Ulises entendía bien este razonamiento neuromusical. Cuando Circe le advierte del encanto fatal de las sirenas, se hace atar al mástil de su barco después de taponar los oídos de su tripulación. Así, a pesar de su deseo de obedecer a los cantos de sirenas, nadie puede oír las órdenes que da, que habrían llevado

---

5. Lemarquis, P., *Sérénade pour un cerveau musicien*, Odile Jacob, París, 2009.

a su barco al naufragio. Cuando nos dejamos poseer por una seducción mortífera que convierte la hierba en flores y el odio en canciones,[6] somos cómplices de la muerte que nos espera.

¿Se pueden explicar de esta manera las epidemias de creencias? El contenido de los discursos se convierte en algo secundario, ya no pensamos cuando nos dejamos llevar por las dulces canciones, por los cantos guerreros y por las representaciones que se apoderan de nuestra alma para nuestro regocijo. Algunos resistentes consiguen no dejarse llevar por la propagación emocional.[7] «¿Qué me estás cantando?», dicen, como Ulises. Pero es difícil que se oiga su voz cuando el coro de la mayoría une a la multitud en el éxtasis.[8] Hay una felicidad tan grande en vibrar al unísono que buscamos activamente la ocasión de juntarnos, sincronizarnos, todos unidos. La música sirve como marco para regular las emociones. Los tartamudos que sufren por no poder controlar su habla descubren el placer de controlar la expresión de sus emociones cuando aprenden a cantar. La música estructura sus emociones y las palabras del teatro les dictan cómo hablar sin tartamudear.

Los mundos ritualizados son a la vez materiales y mentales. No comemos cualquier cosa, en cualquier sitio o con cualquiera. No hacemos el amor de cualquier forma con desconocidos. No escuchamos música sin estar en sintonía con los demás. El marco ritual permite habitar un mismo mundo, movernos al mismo ritmo que nuestros vecinos, sentir una tierna intimidad con quienes tienen los mismos orgasmos que nosotros, al mismo tiempo, en un mismo sitio. Cuando el marco da forma al goce y crea la felicidad de estar juntos, cada uno sirve de base pro-

---

6. Homère, *Odyssée*, Chant XII, 151-200, traducción de P. Jaccottet, La Decouverte, París, 1982.

7. Achotegui, J., *The Ulysses Syndrome. The Resilience*, El mundo de la mente, Barcelona, 2014, pág. 111.

8. Sperber, D., *La Contagion des idées, op. cit.*

tectora para otro al convertirse en alguien familiar. Lo mismo ocurre en las situaciones de apego en las que el niño, protegido en su nicho afectivo, adquiere confianza en sí mismo y el placer del descubrimiento de los otros. El que se siente afectivamente respaldado por una presencia protectora se atreve a sobrepasar su yo.

Algunos creyentes religiosos que no han adquirido la confianza suficiente en sí mismos para sentir el placer de explorar otro mundo se aferran al marco que sienten como una prohibición tranquilizadora. Las palabras, los gestos se mecanizan y esto los lleva al integrismo. Al tener miedo de todo lo que no son ellos mismos, se sienten agredidos por la más mínima variación del canto, plegaria o ritual. Para ellos, toda diferencia es una blasfemia que merece castigo. Cuando aumenta la rigidez, el estereotipo, se clonan las mentalidades, la restricción del mundo llega al pensamiento, corta el impulso hacia el otro, impide el descubrimiento y entonces el placer de vivir es sustituido por un encierro.

Como todos los sentimientos, la música es un placer que puede ser valorado, ignorado o condenado según las culturas. En un contexto de paz, la gente se relaja y se deja penetrar por los sonidos y la armonía. Hay que decir que algunas situaciones hacen que el placer se vuelva placer insoportable. Gozar del sexo en el momento en que ponemos el ataúd de la madre dentro del agujero sería escandaloso. Ahora bien, algunas personas muy inseguras no se arriesgan a expresar un «te amo» y se vuelven rígidas para soportar la existencia. Para estas personalidades, cualquier goce es indecente, se crispan para permanecer en pie, no osan dejarse llevar por el placer de la existencia por miedo a hundirse. El erotismo, la risa y la música son el gran peligro para estas estructuras mentales.

Es horrible oír música cuando la cultura le otorga una misión terrible. La música fue utilizada por la administración del *Konzentrationlager*, donde había orquestas que debían acompañar a los deportados condenados a morir en la horca. En estas condiciones, adquiriría un significado intolerable: «La música puede resultar odiosa hasta para aquel que más la ha amado».[9] Se vuelve algo criminal cuando facilita la ejecución industrial de millones de personas al ritmo de violines y de porras, cuando la melodía acompaña a los ladridos de los perros y los gritos de los *kapos* hacen de la belleza burla, llevando a las almas ya muertas a una tumba ridícula donde los cuerpos gaseados, amontonados y quemados se evaporan en un humo apestoso.

La música, maravilla erótica en una cultura en paz, puede tomar la significación de un acto de resistencia cuando salva la dignidad de los perseguidos. Escuchar una aria de ópera en Theresienstadt, donde los detenidos esperaban la muerte, repelía a quienes habían perdido la esperanza, pero maravillaba a los que querían vivir todavía un poco más. El coro de los hebreos en *Nabucco* (Verdi) luchando contra el opresor exalta la resistencia de los italianos bajo la ocupación por los austríacos. Y cuando Germaine Tillion escribió su inverosímil *Verfügbar aux Enfers*, hizo reír a los deportados, que se divirtieron ridiculizando a sus verdugos y trataron de dar un sentido a un entorno que carecía de él.[10]

La música posee un sorprendente poder de sincronización de las almas hacia el éxtasis, hacia la sublime tristeza de los réquiems o hacia la burla. ¿Mediante qué misterio una convención sonora consigue causar tales contagios emocionales que nos llevan a vibrar juntos, como una sola alma?

La neuroimagen propone una respuesta. Ser espectador-participante en una misa ortodoxa provoca un encantamiento real. Saber el significado de los actos representados en la escena

---

9. Quignard, P., *La Haine de la musique*, Gallimard, Folio, París, 1997, págs. 197-199.

10. Tillion, G., *Une opérette à Ravensbrück. Le Verfügbar aux Enfers*, La Martinière, París, 2005.

del altar da una sensación de elevación del alma. Es, por lo tanto, lógico que el cerebro consagrado a la percepción de sonidos (lóbulo temporal) y las imágenes (lóbulo occipital) consuma energía para llevar a cabo un trabajo que el ordenador traducirá en un color incandescente, rojo o amarillo, como hierro al rojo vivo. Si los sainetes y los cantos causan una fuerte emoción, es lógico que el cerebro de las emociones (sistema límbico) trabaje de la misma forma y presente los mismos colores. Podemos sin dificultad filmar o fotografiar cómo un ritual religioso hace funcionar a estas zonas cerebrales.

26
Creencias y falsas creencias

El estudio de la ontogénesis de un ser humano —el desarrollo psíquico del óvulo hasta la edad adulta— muestra nuestra aptitud neurológica para percibir las señales emitidas por el cuerpo del otro, sobre todo por su rostro. Progresivamente aprendemos a unir estas percepciones para hacer de todo ello una representación. No es un delirio sin relación con la realidad, sino más bien una disposición de percepciones que se representan para que tengan un sentido. El dispositivo neurológico induce a un sentimiento realmente experimentado en el cuerpo. Los animales conocen este nivel de la teoría de la mente, pero el ser humano, gracias a su habilidad de la palabra, es capaz de unir percepciones pasadas o imaginarias para hacer con ellas representaciones desmaterializadas que actúan sobre sus sentimientos. Este proceso invita a distinguir el aquí percibido del más allá representado. Por razones neurológicas y del desarrollo, más que filosóficas, somos dualistas.

Las señales que recibimos del cuerpo del otro alimentan nuestras primeras representaciones:

- Primero, la expresión de las emociones del otro —como la vocalización, los gritos, las mímicas faciales y las posturas— permite en las personas y en los animales representar sus emociones de agresión, celo sexual, ofrenda alimentaria o apaciguamiento.
- Para percibir las señales sociales, es preciso haber adquirido la capacidad de semantizar. Las señales son al principio

preverbales, como los vestidos, ricos o pobres, los peinados de personas correctas o antisociales, joyas o insignias que explican en historias sin palabras cómo queremos erotizar o socializar.
- Luego, cuando la semantización pasa por la palabra, somos capaces de creer o no creer los relatos de los otros. Para considerar que alguien tiene creencias distintas de las propias, es preciso estar uno mismo suficientemente personalizado. Sólo entonces podrá atribuir al otro una falsa creencia.

Un test clásico permite analizar cómo accede un niño a la atribución de una falsa creencia.[1] Delante de un niño, el científico pone unas canicas en una caja de lápices de colores, luego le pregunta: «¿El señor que acaba de llegar buscará en la caja canicas o lápices?» Hasta la edad de 4-5 años, los niños responden: «Va a buscar canicas ya que he visto que alguien ponía canicas dentro». No es hasta después de los 6 años cuando los niños dicen: «Sé que hay canicas, pero pienso que el otro creerá que hay lápices». Cuando el mundo mental propio del niño está suficientemente construido es capaz de pensar que se puede pensar de otra forma que él y que uno se puede equivocar.

Luego el científico pregunta: «¿Dónde irá Dios a buscar las canicas?». Sólo los niños más mayores, capaces de representarse una instancia omnisciente, señalan la caja que contiene canicas, ya que Dios lo sabe todo y sabe que hay canicas en la caja de lápices.

La idea de omnisciencia divina no se debe al desarrollo de la teoría de la mente, a la que todo niño accede hacia los cuatro años. La representación de un «Dios que lo sabe todo» aparece

---

1. Lane, J. D.; Wellman, H. M.; Evans, E. M., «Children's understanding of ordinary and extraordinary minds», *Child Development*, 2010, 81 (5), págs. 1475-1489.

mucho más tarde, probablemente por la interiorización de los relatos del entorno.

Cuando un rabino dice: «Dios no quiere oír la voz de las mujeres en la sinagoga», atribuye a Dios sus propias opiniones, antropomorfiza a Dios en lugar de divinizarlo.[2] El adulto que ha pronunciado esta frase no es capaz de pensar que se pueda pensar de otra forma que él. Ha divinizado sus propias ideas. Ahora bien, en todas las religiones hay sacerdotes que le hacen decir a Dios lo que ellos piensan: «A Dios no le gusta la música» o «Dios quiere que las mujeres lleven velo». Malek Chebel repetía: «He consagrado diez años de mi vida a traducir el Corán. No he encontrado ni una sola línea que diga que las mujeres tiene que llevar velo».[3] Algunos sacerdotes hacen de Dios su portavoz, mientras que son los profetas los que deben ser los portavoces de Dios. Pero cuando todo un grupo repite: «Dios no quiere oír la voz de las mujeres» o «Dios quiere que las mujeres lleven velo», ello demuestra que esta colectividad está sometida a un contagio de creencias. Un personaje que funciona como un faro emite una sentencia que el grupo acepta sin rechistar. Una epidemia de creencias es explicable por lo que podríamos llamar la «neurología del estar juntos», observable y experimentable desde el descubrimiento de las neuronas espejo.[4]

El principio es muy simple. A partir del segundo mes percibimos con intensidad algunos rasgos de un rostro que reconocemos instantáneamente. La línea de los ojos y de las cejas, la nariz y la boca de nuestra figura de apego son objetos relevan-

---

2. Gervais, W. M., *La cognition religieuse*, en V. Saroglou (dir.), *Psychologie de la religion*, op. cit., págs. 77-78.

3. Me lo dijo repetidamente, pero también lo escribió: Chebel, M.; Sultan, S., *Le Coran pour les nuls*, First, Pour les nuls, París, 2009.

4. Rizzolatti, G.; Sinigaglia, C., *Les Neurones miroirs*, op. cit.

tes del mundo que nos rodea.[5] Ahora bien, en este estadio de nuestro desarrollo, no podemos no imitar la mímica que percibimos. Cuando nuestra figura de apego sonríe, no podemos no sonreír, cuando abre la boca o hace una mueca con los labios, no podemos no imitar el mismo gesto. Las neuronas motoras del córtex que gobiernan nuestros músculos faciales son los mismos que, en el cerebro de nuestra madre, gobiernan su gesto. La expresión de las emociones de nuestra madre, cuando sonríe o frunce el ceño, llevan a nuestro cerebro a funcionar igual. Es decir, que cuando no hay figura de apego en nuestro entorno, o cuando nuestra madre está enferma o su marido la hace desgraciada —o su historia o su sociedad—, entonces difícilmente nos desarrollamos, en ese entorno poco estimulante. No hay autismo inicial, como sostenían los psicoanalistas, sino que hay una percepción privilegiada de señales emitidas por la figura de apego en una relación intersubjetiva.[6]

Cuando nuestro cerebro madura, conservamos toda la vida una tendencia a hacer el mismo gesto que el otro, a condición de haber establecido un vínculo de apego. Cuando este otro privilegiado manifiesta un comportamiento significativo, como el de coger una fruta, las neuronas motoras de nuestra área frontal ascendente consumen energía (a la izquierda, si somos diestros). Cuando un niño ve un gesto hecho por alguien amado, se prepara sin ser consciente de ello para hacer el mismo gesto, y el pie de su frontal ascendente consume energía en la misma zona que el que hace realmente el gesto. El pequeño no puede no imitar el gesto de las figuras de apego con las que teje un vínculo afectivo. En niño que ve a un compañero golpear con las manos se pone a hacer lo mismo en seguida.

---

5. Yamada, H. *y al.*, «A milestone for normal development of the infantile brain detected by functional MRI», *Neurology*, 2000, 55 (2), págs. 218-223.

6. Guedeney, A., *Le Comportement de retrait relationnel du jeune enfant* tesis doctoral de Estado, Universidad París-Descartes, 2016, pág. 24.

Al envejecer, los comportamientos de imitación se difuminan, ya que el lóbulo prefrontal empieza a inhibir los gestos en espejo. El pie de la frontal ascendente «se enciende», pero el niño viejo ya no pasa al acto. Se prepara para hacer el mismo gesto, pero no lo hace. Las neuronas motoras «enrojecen», pero no hay comportamiento motor. Estas neuronas funcionan como un espejo: el punto de partida está en el otro, que nos prepara para actuar como él. No es hasta la edad de ocho años cuando las neuronas del cerebro prefrontal se conectan con las del sistema límbico (soporte neurológico de la memoria y de las emociones), y entonces somos capaces de prepararnos neurológicamente para la acción que acabamos de ver. Pero ya no la imitamos porque somos capaces de decidir por nosotros mismos.

Este efecto espejo nunca se borra totalmente. Basta con constatar que cuando alguien bosteza, desencadena el bostezo en los que le rodean; cuando mira el reloj o cuando bebe un sorbo, varias personas harán lo mismo: funcionamos en conjunto. Cuando nuestros allegados sonríen, nos invitan a sonreír, cuando se quejan nos ensombrecemos; cuando montan en cólera, nuestros músculos se preparan para el contraataque. Basta con percibir un indicio en el cuerpo de otro para que esto desencadene la preparación de una reacción idéntica. Cuando vemos a alguien vomitar, la parte anterior de nuestra ínsula (zona temporal escondida), estimulada por la visión, desencadena nuestra propia nausea.

Las personas separadas de otras por razones genéticas, de desarrollo o psicológicas no manifiestan ningún efecto espejo. En un niño autista, un compañero puede sonreír, enfadarse o vomitar, esto no encenderá ninguna zona en su cerebro.[7] Y vi-

---

7. Frith, U., «Mind blindness and the brain in autism», *Neuron*, 2001, 32 (6), págs. 969-979.

ceversa, un niño que ha establecido relaciones afectivas encenderá sus neuronas frontales ascendentes conectadas a la amígdala rinencefálica con solamente al oír el sonido del envoltorio de un caramelo o el tintineo de un tenedor en un plato.[8] Los niños que están preparados para procesar las informaciones sensoriales de su entorno y hacer con ellas conjuntos significativos se socializan fácilmente. El estar juntos se crea primero mediante una simbiosis sensorial que construye pasarelas para hacer funcionar juntos los cerebros de personas de un mismo grupo.

Las grabaciones de resonancia magnética nuclear funcional (fRMN) confirman que nuestros cuerpos y mundos íntimos funcionan en eco. Si yo percibo a una persona que se dirige a mí, sólo se enciende mi lóbulo occipital. Si veo una manzana, esto estimula las zonas cerebrales que tratan las imágenes. Pero si observo que esta persona tiende su mano hacia la manzana, entonces mis neuronas espejo se pondrán en estado de alerta y me prepararé para hacer el mismo gesto. René Girard, el gran antropólogo que teorizó el concepto de «deseo mimético», de acuerdo con el cual todo deseo es una imitación del deseo de otro, vio encantado cómo se confirmaba su teoría de forma neurológica.[9]

Esta constatación explica el contagio de las creencias. El funcionamiento de las neuronas espejo crea una sensación física de pertenencia al grupo. El otro se convierte en familiar y, por lo tanto, en protector. Los gestos y palabras de la figura de apego se impregnan fácilmente en la memoria biológica del niño du-

---

8. Keysers, C.; Kohler, E.; Umilta, M. A.; Nanetti, L.; Fogassi, L.; Gallese, V., «Audiovisual mirror neurons and action recognition», *Exp. Brain Res.*, 2003, 153 (4), págs. 628-636.

9. Bustany, P.; Cyrulnik, B.; Oughourlian, M., coloquio en el Hospital americano de París, *Les neurones miroirs et la théorie mimétique,* 27 de octubre de 2007.

rante un período sensible de su desarrollo.[10] La frecuentación de cerebros le ha permitido aprender, en algunos meses, la lengua materna, el acento, los rituales de interacción, los gestos, la vestimenta, el sentir del mundo y darle una forma verbal, un relato colectivo que identifica al grupo. Creemos lo que creen nuestros allegados, hermanos de creencia.

Si hemos adquirido un apego seguro, nuestra primera creencia queda abierta a otras creencias ya que, con la personalidad bien formada, no nos sentimos en peligro con quienes no comparten nuestra fe. Pero si un desarrollo difícil ha impregnado en nosotros un apego inseguro, necesitamos certezas para no sentirnos agredidos. Entonces nos encerramos a toda otra creencia, nos replegamos en «otros-como-nosotros», clones mentales si se quiere. Aterrorizados por la más mínima divergencia, el comunitarismo nos protege y hace que toda novedad sea escandalosa. Al no atrevernos a descubrir otros mundos, estereotipamos nuestros pensamientos, que se vuelven eslóganes. Somos felices en un mundo cerrado, protegidos por un entre-nosotros protector, y de la forma más moral del mundo vamos a la guerra contra los infieles que estropean nuestra felicidad. Las guerras de creencias a menudo son sagradas, causadas por representaciones distintas. También pueden ser profanas, ideológicas o científicas, cuando la creencia cerrada hace que veamos al otro como un agresor o un blasfemo que merece una sanción metafísica: ¡la muerte!

Estas comunidades necesitan identificarse para caracterizar su estar juntos. Entonces ponen a punto una memoria colectiva que no es más que la memoria de los relatos del grupo. En caso de aislamiento, sin acontecimiento ni emoción, ¿qué es lo que se puede recordar? El adormecimiento psíquico causado

---

10. Flavell, J. H., «Cognitive development: Children's knowledge about the mind», *Annual Review of Psychology*, 1999, 50, págs. 21-45.

por un empobrecimiento del entorno adormece el recuerdo. No hay acontecimientos para alimentar el relato. Los millones de hechos que existen en la realidad equivalen a pocos acontecimientos para estructurar una memoria. Un encuentro, una emoción, a veces incluso un trauma, es lo que construye y motiva el relato de uno mismo. Pero no hay relación directa, ya que la sensibilidad a un hecho depende del momento en que se vive, de la construcción de la personalidad en ese momento, del contexto protector o no y de la manera en que el sujeto va a buscar en su pasado lo que podría explicar su estado actual. Entonces sentimos una emoción causada, no por lo real, ya que ya ha pasado o está por venir, sino mediante la representación de la realidad. La memoria no es el retorno del pasado, es la representación del pasado. Esto muestra hasta qué punto las presiones del entorno, las limitaciones afectivas y los relatos del entorno participan de la memoria individual. Los individuos ocupan un lugar en un grupo dejándose moldear por las presiones afectivas y de la memoria que construyen un relato que identifica al grupo. El sujeto se reconoce en los relatos construidos por el grupo: con los demás estoy como en casa. Me tranquilizo, me fortalezco compartiendo la misma historia.

Cuando cambia el contexto, las narraciones cambian, aunque se sigue afirmando que se trata del relato de los orígenes, que no se puede transgredir. Cuando los judíos explican que el Mar Rojo se abrió ante ellos y que luego se cerró al pasar el ejército del faraón, ¿se trata de un recuerdo de un hecho real o de un recuerdo del hecho real (como una especie de marea) reconfigurada para construir un mito que reúna al pueblo judío en un mismo colectivo?

Los fabricantes de relatos (periodistas, sacerdotes, novelistas, cineastas, psicólogos, científicos...) componen una memoria que quiere explicar la realidad pasada, aunque ésta no es más que una representación.

¿Quién liberó Francia? Cuando esta pregunta se hacía durante el período de 1950 a 1970, la gran mayoría de respuestas afirmaba que los rusos nos habían salvado del nazismo. En la época en que un francés de cada tres votaba al Partido Comunista, era imposible proponer una idea sin citar a Marx. Era pues coherente generalizar estas afirmaciones diciendo que los rusos habían liberado Francia. Cada uno contribuía con su pequeña historia, como la toma del Palacio de Invierno en San Petersburgo en 1917, el amor de los rusos por el «padre de los pueblos», el coraje increíble de los combatientes soviéticos contra los nazis, componiendo el falso recuerdo de la liberación de Francia tras el «desembarco de los rusos en Normandía».

Cuando se preguntaba lo mismo en los años 2000, las respuestas eran distintas. La mayoría decía que los estadounidenses y los resistentes habían liberado el país. Ya no se podía mencionar a los rusos después del hundimiento del muro de Berlín y las revelaciones del totalitarismo comunista. La liberación por parte de los soviéticos ya no era recordada.

Se sigue sin hablar del sacrificio de los canadienses y se olvida el importante papel de los magrebís que, tras liberar Toulon y Marsella, fueron recibidos como héroes en París. Cuando nuestra expansión industrial explotó a estos hombres, olvidamos que habían participado en la Liberación.

Cuando los relatos colectivos tienen la función de arrojar luz sobre los hechos que esclarecen nuestra forma de estar juntos, dejan en la sombra millones de otros hechos. En los años de la posguerra, no había judíos en Auschwitz. La religión preocupaba tan poco en los relatos de la época, que en este campo sólo había rumanos, húngaros, alemanes o franceses, pero no más judíos que budistas. La poca preocupación por lo sagrado en los años 1945-1960 no permitía que apareciera la memoria religiosa. En cambio, la glorificación de los héroes rusos y de los resistentes llenaba las pantallas de cine, las novelas y los conflictos políticos. Se iba a buscar al pasado hechos verda-

197

deros que alimentaban la memoria de aquella época. En los relatos colectivos de la Segunda Guerra Mundial, «dos figuras estructurantes se suceden en relación a la figura del héroe, esto estructura la memoria francesa de la guerra, hasta que aparece (hoy) la figura de la víctima judía».[11] Así, podemos observar cómo la memoria individual ocupa su lugar en un contexto de memoria colectiva y cómo las memorias religiosas poseen una función de identificación y de aglutinamiento de los creyentes.

Al cambiar en las diversas épocas, los relatos modifican las creencias de los individuos. El catolicismo, «religión durante mucho tiempo dominante en Francia, se ha convertido en minoritaria: en 2008, el 42% de los franceses se identificaban con el catolicismo, pero eran el 70% en 1981».[12] El paisaje religioso se convierte en plural y las minorías de creyentes se vuelven más llamativas en un contexto cultural en el que la no religión es mayoritaria. Las preocupaciones religiosas llenan una cultura cada vez menos creyente.[13]

En las democracias occidentales, la voluntad de no repetir las guerras de religión explica la importancia que se concede a la libertad de elección religiosa. Esta tolerancia ofrece una oportunidad de desarrollo a grupúsculos fanáticos. En el polo opuesto al de los fanáticos de Dios, asistimos al nacimiento de una espiritualidad laica en la que las formas de encontrarse con Dios son personales. Esta apertura del espíritu debilita los vínculos sociales y familiares. Cuando sólo había una forma de ser

---

11. Peschanski, D., «Responses in memory studies», en F. Eustache (dir.), *Mémoire et oubli*, Le Pommier, París, 2014, pág. 78.

12. Willaime, J.-P., «Chacun ses croyances religieuses!», *Les Grands Dossiers de sciences humaines*, septiembre-octubre-noviembre de 2016, n° 44, págs. 73-75.

13. Brechon, P.; Galland, O. (dir.), *L'Individualisation des valeurs*, Armand Colin, París, 2010.

católico, casarse, ir a misa en el pueblo y escuchar al sacerdote, el grupo funcionaba como un solo hombre. Ahora bien, en democracia, el pueblo no es un solo hombre, está compuesto por miles de tendencias distintas y, a veces, opuestas. Quienquiera que, en un contexto democrático, necesita creen en Dios por razones de angustia, éxtasis, filiación, pertenencia o trascendencia, establece su propia forma de confiar en Dios y de celebrarlo. Los judíos, después de la Segunda Guerra Mundial, iban de vez en cuando a la sinagoga. Hoy, el grupo ortodoxo adquiere protagonismo. Entre los protestantes, los evangélicos están en pleno crecimiento. En cuanto a los musulmanes laicos, creyentes y tolerantes en su mayoría, dejan que unos pocos fanáticos tomen la palabra y cometan atentados. Estos locos de Dios son pocos, es verdad, pero este argumento es peligroso ya que lleva a la confusión. Menos de 1.000 marinos rusos asaltaron el Palacio de Invierno para saquear las cocinas, no para imponer el comunismo, que no conocían. Treinta años más tarde, más de mil millones de seres humanos vivían bajo ese régimen colectivista. En 1929, el 2,6% de los alemanes votaban por el partido nazi. En 1939 eran el 95% de fanáticos o que se veían obligados a hacer el saludo hitleriano. Los yihadistas que cometen asesinatos en nombre de Alá son pocos. Varios países árabes o musulmanes viven ya bajo el yugo de una policía religiosa.

En Europa todo el mundo improvisa de acuerdo con su fe. Los creyentes escogen su lugar de culto y los no creyentes negocian con la Iglesia y las compañías funerarias para organizar ceremonias de entierro privadas. Ya nadie se somete a los preceptos del cura, cada cual se programa los cantos que quiere, las plegarias y las comidas del duelo. Los jóvenes están cada vez más interesados en la espiritualidad. Se produce una mezcla de trascendencia, de arte, de entrega de uno mismo y del sentido que se atribuye a la existencia. Con el objetivo de crear un proyecto de vida, hay quienes se enrolan en diversas ONG, en el ejército o en actividades sociales en las que ofrecen la ayuda práctica o afectiva que sus padres encontraban en las prácticas religiosas.

«La fe ciega en los textos sagrados del budismo es una estupidez»,[14] dijo el Dalai Lama. Los jóvenes cristianos, en Europa, elaboran una fe personal, salpicada de budismo. Los laicos y los religiosos se interesan por la ciencia del funcionamiento de la mente, cuyos recientes descubrimientos en neurobiología explican la dimensión espiritual de todo ser humano. ¿Podremos algún día creer en Dios, amar y celebrar sin preocuparnos de la religión?

---

14. Dalai Lama, Conferencia en la Universidad de Estrasburgo, 17 de septiembre de 2016.

27
El sexo y los dioses

La actividad humana más normativizada en las religiones es la sexualidad. Se trata de codificar un acto fisiológico —compuesto de erección, lubricación y movimientos de cadera— para darle una importancia metafísica. Con este acto motor se fabrica lo sagrado y lo social: el sexo trae al mundo un alma para adorar a Dios, y las leyes del matrimonio fabrican lo social organizando la alianza de las familias y la transmisión de valores. El sexo también tiene una dimensión política, ya que cuando obedecemos la orden: «Sed fecundos, multiplicaos y llenad la tierra», se prepara al grupo para una lenta toma de poder demográfica. La mayor parte de las religiones codifican la sexualidad que estructura el vivir juntos aquí para merecer el más allá. En una concepción cultural así, la función afectiva del sexo es secundaria y el goce, cuando lo hay, está mal visto: «¿Cómo osáis perder la cabeza sintiendo un espasmo, cuando este acto debe traer al mundo un alma y asegurar el poder?». El sexo es moral, ¡pero no el placer!

Los jóvenes cristianos de hoy son más permisivos que sus padres. Las relaciones prenupciales se ven menos como una grave transgresión, el matrimonio es un entendimiento entre dos jóvenes y no una autorización dada por el sacerdote o la familia. El divorcio es una triste liberación y no una falta vergonzosa. Dios y la sociedad, que no han dicho nada de la unión, no tienen nada que decir sobre la desunión.

En medio de esta cristiandad sonriente, los jóvenes fundamentalistas se aferran a los valores antiguos. Están orgullosos de respetar la moral divina. Los hombres se veían engrandecidos por su papel de cabeza de familia y las mujeres aceptaban esta jerarquía virtuosa[1] que consistía en elevar al rango de héroes —es decir, sacrificarlos— a los padres y limitar a las madres para consagrarlas a la familia. He conocido a obreros que trabajaban en condiciones de tortura física para asumir el papel de Hombre-jefe. Desde la aparición de los oficios del sector de servicios, que aumentaron como la espuma a partir de los años 1960, los oficios ya no se sexualizan. Las mujeres pueden hacer de todo y ello les da autoestima e independencia social. La autonomía se ha convertido en el valor occidental del siglo XX, mientras que en la Edad Media era algo impensable. Incluso era vista como una desocialización, una forma de locura.

Cuanto más religioso se es, más se valora la renuncia. Es pues previsible que estas parejas jóvenes tengan pocos encuentros prenupciales, pocas aventuras extraconyugales y aceptarán una sexualidad sin pasión, con muchos hijos. Estas renuncias les harán felices y orgullosos de sí mismos. En una pareja estable, protectora, el apego es apacible, el alma se eleva: «La restricción sexual [...] se percibe como algo espiritual y virtuoso».[2] Cuando se está orgulloso de inhibir los propios deseos para complacer a Dios, cuando no se está sometido a las pulsiones bestiales, uno se deja gobernar para facilitar las relaciones sociales. Las inhibiciones morales conciernen evidentemente al sexo, pero también a los alimentos y a la vestimenta: «Decidme qué debo comer y cómo debo vestir, para poder expresar mi cercanía a Dios». Es muy tranquilizador entregar a alguien el poder de decidir por nosotros. Un estudio trans-

---

1. Bang, E.; Lewis, Hall, M. E.; Anderson, T. L., Willingham, M. M., «Ethnicity, acculturation, and religiosity as predictors of female college students' role expectations», *Sex Roles*, 2005, 53 (3-4), págs. 231-237.

2. Yexin, J.-L.; Cohen, A. B., «Religion, sexualité et famille», enV. Saroglou (dir.), *Psychologie de la religion*, *op. cit.*, págs. 186-187.

cultural en Occidente precisa esta idea. «Señor, señora, puede usted escoger los helados que quiera. En una bandeja hay los 50 sabores que no han sido seleccionados, en la otra hay los 10 elegidos por profesionales. ¿Cuál tomará usted?». Los suizos, franceses, alemanes, italianos e ingleses, escogieron todos ellos los helados seleccionados por los supuestamente competentes profesionales. Tan sólo los norteamericanos escogieron la bandeja con 50 sabores porque había más, pensando que «más es mejor».[3]

Cuando se es creyente, dejarse gobernar aporta grandes beneficios psicológicos. Uno se siente moral, amo de uno mismo, actor de la vida familiar y social. Pero no todo se puede inhibir. No está prohibido respirar, ni beber agua, la prohibición sólo recae en algunas bebidas artificiales.[4] Las prohibiciones conciernen a algunos alimentos, durante cierto tiempo: pascua, ramadán, carnes el viernes... Las prohibiciones actúan preferentemente sobre la sexualidad. La prohibición de respirar o de beber destruiría la vida, mientras que la prohibición sexual estructura la sociedad y eleva hacia Dios. Se establece una jerarquía de personas según su respeto de esta prohibición. Los que pasan al acto sin tener en cuenta estas autorizaciones sociales son vistos como psicópatas asociales, juzgados y condenados. Los que regulan su sexo y lo consagran a hacer hijos y los que renuncian totalmente a la sexualidad serán considerados como trascendentes y merecedores de Dios.

La castidad es el ideal superior en muchas religiones. Los primeros cristianos pensaban que la abstinencia total era la vía

---

3. Fischler, C.; Masson, E., *Manger. Français, Européens et Américains face à l'alimentation*, Odile Jacob, París, 2008.

4. El agua a menudo se usa durante un bautismo o en rituales de purificación, pero se trata de un agua que simboliza y no un agua que hidrata. El agua del Ganges se usa para purificar y es peligrosa si se bebe porque está muy contaminada.

más fácil hacia la Salvación. Los romanos podían tener muchos encuentros sexuales, pero debían ser breves y sin afecto. Se burlaban de los débiles que se enamoraban, ya que se sometían a una mujer y no al ejército conquistador de la paz.[5] En la Edad Media, se admiraba a quienes renunciaban al matrimonio para consagrarse a actividades masculinas nobles: el hábito de monje o la espada de soldado. En cuanto a los débiles que se casaban... peor para ellos.

Las religiones no surgieron enseguida. Fueron necesarios varios siglos de guerra, odio y de tanteos metafísicos para que un dogma las estructurara... momentáneamente. La religión judía, desde 1.000 años antes de Cristo hasta 1492, fecha de la expulsión de los judíos de España, estaba abierta a mil influencias: «Los judíos no eran un pueblo piadoso rígido [...] al contrario [...] durante siglos se mezclaron con gentes de Canaán, babilonios, persas, griegos, romanos, árabes... y cristianos europeos».[6] Shimon Peres explicaba que hoy aún sigue este proceso. «Conociendo aproximadamente la demografía judía en la época de Cristo, debería de haber unos 300 o 400 millones de judíos. Ahora hay menos de 15, ¿dónde están los otros? Se convirtieron en árabes, musulmanes, cristianos y a veces en antisemitas».[7]

También el cristianismo tomó forma lentamente. Era una secta judía hasta la conversión de Constantino en 312. Seducido por esta religión de amor, hizo de ella la religión de Estado en el concilio de Nicea (325 d.C.).[8] La población se unió sin

---

5. Veyne, P., «Plaisirs et excès», en P. Ariès, G. Duby (dir.), *Histoire de la vie privée*, tomo I: *De l'Empire romain à l'an mil*, Seuil, París, 1985, págs. 198-199.

6. Schama, S., *L'Histoire des Juifs. Trouver les mots. De 1000 avant notre ère à 1492*, Fayard, París, 2016.

7. Shimon Peres, comunicación personal, París, octubre de 2007.

8. Veyne, P., *Quand notre monde est devenu chrétien (312-394)*, Albin Michel, París, 2007.

coacción ni masacres a la «iluminación» del emperador que, al acercarse a Dios, había conseguido la victoria. Compartir la religión del jefe es una máquina unificadora eficaz.

El islam experimentó convulsiones anteriores al dogma. Desde la muerte del profeta, chiíes y suníes se enzarzaron en guerras fratricidas, como el cristianismo hasta la Inquisición, que acabó con las guerras intestinas (1231-1233) y unió a la cristiandad.[9]

El odio del placer sexual puede encontrarse en muchas religiones. En el Antiguo Testamento, toda sexualidad placentera es condenada: Onán, que «esparce su semilla por la tierra», es blasfemo porque rechaza traer al mundo a un alma para adorar a Dios. La sodomía, regularmente practicada en la intimidad de las parejas para evitar los embarazos repetidos, causa el horror de los padres porque no nacen hijos y es algo antinatural. El placer conyugal, combatido por la Iglesia, fue llamado «fornicación» para significar el libertinaje del encuentro sexual sin fruto. Este término religioso se aplicaba a las prostitutas y a las parejas casadas que se unían sin la intención de hacer un bebé, ¡sólo por el placer! Los modelos del amor cristiano son asexuales: la Virgen, José y Cristo son demasiado puros para practicar el sexo. Sólo es moral la sexualidad reproductiva.

La Torá da a los esposos el «derecho a gozar mutuamente». El placer es aceptable si la función social de la pareja es duradera, mientras que este placer está terminantemente prohibido fuera de ella.

El hinduismo y el budismo son hoy los campeones de la abstinencia, mientras que al principio el sexo era visto como un simple elemento natural de la condición humana. El acto era fuente de despertar, a condición de que el deseo, siempre sospechoso, no impidiera el progreso espiritual. El sexo es celestial

---

9. Le Fur, D., *L'Inquisition, op. cit.*, pág. 15.

porque da la vida, la expresión de la danza divina —el *Kamasutra* es su ilustración—. La homosexualidad no es repugnante, y tener más de una pareja sexual no es inmoral. El acto sin semilla, debido a la energía femenina, abre los centros psíquicos de los chacras. Esta sexualidad tranquila fue transformada por el puritanismo de los colonos, que en el siglo XIX introdujeron la moral que castigaría a quienes no se sometieran a sus normas.[10]

El budismo, derivado del hinduismo, consideraba también que la sexualidad era una mera actividad humana. El único límite moral era el respeto, del otro y de uno mismo. Así que era posible tener aventuras extraconyugales a condición de no «engañar» al otro. El acto sexual con otro no era un engaño, pero mentirle, esconderlo, sí que lo era. Esta honestidad afectiva sólo era posible si el apego, no exclusivo, soportaba esta tolerancia. Una persona que tuviera necesidad de un apego intenso único era vista como alguien poseído, limitado por este vínculo. El desapego, desde este punto de vista, ¡se convertía en una libertad!

No obstante, incluso en estas religiones flexibles, también hay desconfianza en el deseo. Es peligroso cuando no se controla, ya que nos libra a las pulsiones animales de las que podemos caer presos. El fuego del amor no se asocia de forma obligatoria al acto sexual. Se puede estar perdidamente enamorado de un cantante o de una estrella de cine y, por lo demás, tener tiernas relaciones sexuales con un compañero de apego. Esta disonancia parece más marcada en las mujeres.[11] Las chicas que van regularmente a la iglesia tienen su primer encuentro sexual mu-

---

10. Deshayes, L., «Sexualités extrême-orientales, le reflêt de la vie», *Le Monde des religions*, 1 julio 2009.

11. Hull, S. J.; Hennessy, M.; Bleakley, A.; Fishbein, N.; Jordan, A., «Identifying the causal pathways from religiosity to delayed adolescent sexual behaviour», *Journal of Sex Research*, 2011, 48 (6), págs. 543-553.

cho más tarde que las no practicantes. Aceptan fácilmente las presiones familiares y sociales de elección del cónyuge, tiene pocas aventuras extraconyugales y traen al mundo su primer hijo de acuerdo con las normas culturales. La sexualidad afectiva en las parejas duraderas es hoy valorada por los jóvenes de muchas religiones, pero entre los musulmanes, la sexualidad llamada «del sur», sometida a las normas, es mayoritaria.[12] «El sentimiento amoroso, por naturaleza exclusivo»,[13] lleva la semilla de la prisión afectiva, pero la evolución de las costumbres revaloriza al apego apacible que conduce a la paz de las parejas y a la tolerancia sexual.

Cuanto más se quiere a Dios, menos parejas sexuales, lo cual no impide compartir sentimientos de confianza, de intimidad sexual agradable y de bienestar con el compañero con el que se tienen pocos encuentros sexuales.[14] Además, los creyentes se declaran satisfechos de esta vida de pareja apacible y armoniosa en la que cada uno cuida del otro, bien integrado en la vida familiar y en la cultura. No desdeñan este tipo de pareja menos erótica y más afectuosa, cosa que no les impide ser alcanzados por el rayo extraconyugal, intenso, fervoroso, maravilloso y doloroso. Las parejas de creyentes son tan armoniosas que su religiosidad se sincroniza. Si uno va a la iglesia y el otro se burla de ello, el vínculo de apego se teje de forma imperfecta, ya que no permite compartir una experiencia afectiva importante. El efecto unificador de la creencia se debilita por el éxtasis de uno cuando el otro no cree.

---

12. Rajos, N.; Bozon, M. (dir.), *Enquête sur la sexualité en France. Pratiques, genre et santé*, La Decouverte-Ined, París, 2008.

13. Roussel, I.; Bourguignon, O., *Génération nouvelle et mariage traditionnel. Enquête auprès de jeunes de 18-30 ans*, PUF, París, 1978, pág. 187.

14. Buss, D. M., «Sex, marriage and religion: What adaptive problems do religious phenomena solve?», *Psychological Inquiry*, 2002, 13 (3), págs. 201-203.

Cuando el matrimonio es sagrado, une a la pareja, a los padres y a la cultura en la adoración de un ser sobrenatural que vigila, castiga y moraliza. Los rituales religiosos organizan ocasiones de encuentro, de trascendencia, para el refuerzo del apego, para recibir la solidaridad del grupo sometiéndose a sus presiones. Los niños que se desarrollan en un nicho sensorial afectivo y sensato aprenden claramente la coherencia y la fraternidad que los refuerzan y los protegen.

No es necesario creer en Dios para obtener los mismos beneficios. Una pareja cuya existencia se organiza mediante una orientación política, artística, científica o comercial ofrece las mismas ventajas. Muchos hijos de músicos se han convertido en músicos porque la vida de sus padres era embellecida por esta pasión, por los ensayos con la orquesta y los acontecimientos maravillosos y angustiantes de las noches de concierto. Muchos hijos de políticos han aprendido el placer de defender sus ideas y combatir las de los otros. Muchos hijos de científicos, deportistas y emprendedores se han beneficiado de un nicho afectivo rico en acontecimientos organizados y valorizados por el entorno que, al tomar el relevo de la familia, acompaña su desarrollo hasta su independencia como jóvenes adultos. Las escuelas religiosas y laicas, las universidades, las actividades artísticas, clubs de deporte, ONG y mil otras actividades perifamiliares desarrollan a los jóvenes para que salgan de su familia. Esta evolución feliz corresponde al 70% de la población de los adolescentes de la cultura occidental.[15]

Pero la tutela no es lineal, el nicho afectivo no siempre es protector. Los textos fundadores de muchas religiones son modelos de crueldad: ejércitos de ahogados, recién nacidos degollados, niños sacrificados... La cólera de los dioses les

---

15. Choquet, M., Ledoux S., *Adolescents. Enquête nationale*, Les Editions de l'Inserm, París, 1994.

hace perder la cabeza, el rigor educativo religioso relativiza el impacto de los castigos:[16] «Yo mismo recibí azotes, no me sentaron tan mal», dicen algunos padres castigadores. «Si mi padre no me hubiera abofeteado, mis tonterías me habrían salido mucho más caras». En estos entornos religiosos es tan importante aceptar los rituales socializadores, que las pequeñas «transgresiones» de los niños desobedientes son vistas como un rechazo de Dios. Un pequeño castigo corporal, como un bofetón, un azote o un encierro tienen un efecto casi moral, porque permiten realizar la voluntad de Dios, protegiendo a los niños de ellos mismos.

En algunos ambientes musulmanes, la referencia al islam justifica castigos físicos, psicológicos y sexuales.[17] En ciertos versos del Corán algunos hadices dan derecho al marido a «corregir» a su mujer. Se trata de una mala interpretación de los textos, según Farida Zomorod, profesora en Dar Al Hadith Al Hassanja. El profeta, en realidad, invita a la tolerancia: «La corrección se tolera en casos particulares [...] para evitar incidentes más graves [...] cuando, en caso de adulterio, el esposo puede incluso llegar al homicidio [...] es pues un mal menor». De igual forma el «Itizal», que prohíbe a un hombre acercarse a su mujer cuando tiene la menstruación, permite proteger a las mujeres contra la violencia sexual, ya que «un esposo privado de relaciones sexuales podría llegar a la violación conyugal». El Quiwama, versículo coránico que da al hombre el poder de gobernar a su familia, sólo se aplica a los hombres casados para «proteger los derechos de las mujeres, imponiendo a sus esposos que las mantengan económicamente». ¡Así explica una mujer la «tolerancia» del profeta!

---

16. Hood, R. W.; Hill, P. C.; Spilka, B., *The Psychology of Religion*, op. cit.

17. Mrabi, A. M., «Violence à l'égard des femmes : la Rabita Mohammadia démonte les stéréotypes", *L'Économiste*, Maroc, 19 diciembre 2016, n° 4919.

Los mollahs iraníes dan el mismo tipo de interpretación cuando sostienen que una condena a cien latigazos es más moral que la prisión. Se puede morir por los latigazos, sanción «moral» de un hombre sorprendido por la policía religiosa hablando en la calle con una mujer que no es su esposa. Los latigazos, en la plaza del pueblo, humillan terriblemente a una mujer culpable de haber mostrado su pelo, hablado en voz alta o cantado en público.[18] Una parte cada vez mayor de la juventud iraní muestra hoy su pelo y canta en público para mostrar su insumisión.

En todas las religiones, el lenguaje de los textos fundamentales es tan metafórico que su interpretación depende del talento del intérprete y de sus propias determinantes inconscientes. El sentimiento de pertenencia aporta tantos beneficios que los creyentes tienden a cerrar el grupo para quedarse ellos solos, entre buenos creyentes. En un grupo autocentrado, la moral se convierte en perversa: se respeta una ética de buenas costumbres hacia aquellos que comparten la misma fe y se es perverso menospreciando a los que adoran a otro dios. Su muerte no molesta ya que son despreciables, es moral que sean castigados.

Cuando se piensa que la única moral sexual o social es la de la religión a la que se pertenece, se vive con asco las sexualidades distintas. Los heterosexuales piensan que las enfermedades sexuales se transmiten fácilmente, incluso entre quienes tienen una sexualidad normal. Entonces, con mayor razón piensan que los homosexuales, con muchos encuentros sexuales sin fecundación posible, sólo por el placer de los orificios, tienen una elevada probabilidad de tener enfermedades de transmisión sexual y de transmitírnoslas. Desde hace mucho tiempo se asocia el sexo con la enfermedad. Aunque un acto sexual

---

18. Somaye Kajvandi y Behrouz Safdari, hablando de Keywan Karami, encarcelado por haber filmado grafitis considerados propaganda contra el régimen. Comunicación personal (La Seyne, enero de 2017).

moral que implique un riesgo de enfermedad resulte algo repugnante, se considera que los homosexuales son aún más repugnantes, porque ellos no saben lo que es el acto moral de la procreación y sólo sienten el placer inmoral de la fornicación.

La homosexualidad es, para estos creyentes, más chocante que la sexualidad de los sacerdotes, que son hombres al fin y al cabo. A veces desean a una mujer, es normal. Han jurado el celibato pero no siempre la castidad. Y además, las mujeres son tan seductoras, ¿verdad? Para una creyente cristiana, un sacerdote es un hombre prestigioso. Está cerca de Dios, se le llevan los bebés para el bautismo, él ayuda a los moribundos a ir al Paraíso. Todos los domingos dirige el coro de cantos y oraciones, nos eleva hacia la espiritualidad en una iglesia en la que uno se siente bien. Un hombre así atrae a muchas mujeres, para quienes la admiración, el afecto y la sexualidad son sentimientos entremezclados,[19] aunque un sacerdote de cada dos tiene amantes de forma regular a lo largo de su sacerdocio.[20] Los judíos y los musulmanes tienen más bien tendencia a pensar que un hombre solitario es un depredador peligroso y que sólo los sacerdotes casados son morales.

Los homosexuales han optado por ser unos desviados, consideran los creyentes rígidos, porque es imposible que un hombre desee a otro hombre, Dios no lo quiere así. Su orientación sexual es una perversión y no una tendencia natural que se pueda perdonar. Transgreden voluntariamente para gozar de un acto asqueroso y malsano, se les puede castigar y acaban en prisión.

En Tailandia, la filosofía religiosa, mucho más abierta, reconoce la posibilidad de sexualidades distintas. Los hombres y las mujeres se atraen, pero existe un tercer género tan natural

---

19. Hernandez, K. M.; Mahoney, A.; Pargament, K. I., «Sanctification of sexuality: Implications for newlyweds' marital and sexual quality», *Journal of Families* Psychology, 2011, 25 (5), págs. 775-780.

20. Vallet, O., «Religion et santé mentale», art. cit.

como los otros, el de los travestis, transgénero y otras sexualidades minoritarias, sorprendentes pero no sometidas a castigo. Entre los navajo, indios de Arizona, los transgénero son vistos como la culminación de la condición humana, ya que son a la vez hombre y mujer.[21]

Entre los judíos, se estimula la endogamia. El levirato invita a un hombre, si es libre, a pedir en matrimonio a la mujer de su hermano que acaba de morir.[22] Los egipcios, babilonios, hindúes y zulús organizaron un levirato para mantener el linaje del muerto. La viuda sigue siendo la mujer del muerto, y el hermano del difunto es el sustituto del marido. Los niños que nacen de esta unión son los hijos del muerto. Los vínculos de matrimonio y la protección de los niños se mantiene.

Pero los hermanos del difunto no siempre están de acuerdo. Cuando Judas le dice a Onán: «Ve hacia la mujer de tu hermano, tómala […] y da una posteridad a tu hermano» […] Onán, sabiendo que esta descendencia no sería suya, prefirió mancillar la tierra […]. Lo que hizo disgustó al Eterno, que le hizo morir pronto».[23] El pecado de onanismo ha tenido una larga vida y ya no se considera una mancha merecedora de castigo desde finales del siglo XX.[24]

La cerrazón sexual de un pequeño grupo anima a la endogamia.[25] En el judaísmo, religión de la descendencia, las muje-

---

21. Tousignant, M., «Résilience collective et résilience des peuples», coloquio *Résiliences. Comment reprendre vie?*, Salon-de-Provence, 23-24 marzo 2017.

22. Biblia, Leyes del levirato, Libro del Deuteronomio, cap. 25, versículo 5-10.

23. Biblia, Leyes del levirato, Libro del Deuteronomio, cap. 25 versículo 5-10.

24. Brenot, P., *Éloge de la masturbation*, Zulma, París, 2002.

25. Cohen, A. B; Gorvine, B. J.; Gorvine, H., «The religion, spirituality, and psychology of Jews», en K. I. Pargament, J. J. Exline, J. W. Jones (dir.),

res transmiten la creencia en Dios y enseñan los valores en un vínculo de parentesco que se extiende hasta el cuarto o el quinto grado. En estos entornos casi cerrados uno se siente como en familia, y en las pequeñas comunidades de emigrantes son felices acurrucándose juntos. Los rusos blancos en Niza o los alemanes antifascistas en Sanary se organizaron en pequeños grupos de militantes amigables e instruidos.

En los entornos judíos, las actividades culturales sirven como aglutinador del grupo en el que toda la familia está rodeada de numerosas asociaciones. Arte, música, deporte y educación religiosa apuntalan a estas familias y les ayudan en su papel educativo, facilitando la autonomía de los niños. Ante tantas posibilidades de encuentros y de instituciones, el desarrollo prosigue fuera de la familia. El matrimonio con un no judío a menudo es visto como una pérdida del hijo: «Nos deja... ya no podremos compartir con ellos nuestros rituales familiares». Después de la Shoah, muchos supervivientes no entendían por qué habían tenido que morir por un Dios en el que no creían, su judaísmo se diluía. Desde hace poco, las sinagogas aceptan a las parejas mixtas, como hacen las iglesias, hecho que demuestra el proceso de laicización occidental de las religiones. Pero el núcleo duro se encierra sobre sí mismo, aumenta la intensidad de sus rituales que hacen brillar la presencia de Dios en las actividades culturales y refuerzan la instrucción religiosa.

Incluso asistimos al nacimiento de minúsculas redes de hipercreyentes, hiperactivos, felices de defender la religión agredida o que creen agredida.[26] Estas creencias que legitiman una defensa son particularmente claras en los adolescentes. Las chicas se implican en una especie de reivindicación de paridad.

Handbook of Psychology, Religion, and Spirituality, tome I: *Context, Theory, and Research*, Washington (DC), American Psychological Association (APA), 2013.

26. Lerner, M. J., *The Belief in a Just World : A Fundamental Delusion*, Springer, Nueva York, 1980.

Aunque valoran poco los actos violentos, se dejan llevar por las epidemias emocionales.[27] Los grupos agredidos aumentan su solidaridad para afrontar el frío, el hambre, las inundaciones o el supuesto ataque de un grupo vecino. Pero cuando la paz vuelve, se desgarran entre ellos porque la calma del contexto les da la posibilidad de elaborar mundos diferentes. Entonces, algunos se hacen agredir voluntariamente o dicen haber sido atacados para reactivar el efecto solidario de la lucha contra la violencia del grupo vecino.

La tendencia a constituir un grupo cerrado en el que se habla la misma lengua, se lleva la misma ropa, se respeta el mismo código relacional y se incorporan los mismos valores siempre ha existido. Es tan agradable y fácil socializarse así... Este proceso necesario deriva casi siempre en una clonación de la lengua, la vestimenta, los rituales, la cocina e incluso de las ideas. Uno piensa lo que piensan las personas de su entorno. Se lee el mismo periódico, se come en la misma mesa, se escucha al mismo líder, en el mismo templo, recitando todos juntos las mismas representaciones sociales y metafísicas.

No hay progreso sin efectos secundarios. Para sentirse bien juntos, hay que desarrollar la empatía. Las prohibiciones necesarias para estructurar nuestras relaciones y canalizar nuestras pulsiones a menudo son abusivas. Es necesario comer, sí, pero «según Casiano el abuso de comida espolea el deseo de fornicación».[28] Es un hecho que las pequeñas ofrendas alimentarias tienen por efecto provocar en el otro un placer, del cual somos la fuente, como el comienzo de una relación en la que el placer físico sería el cebo de un placer carnal. Muchos en-

---

27. Kindelberger, C., «Les croyances légitimant l'agression: un facteur de maintien des conduites agressives se développe avec l'âge?», *Neuropsychiatrie de l'enfant et de l'adolescent*, 2004, 52 (8), págs. 537-543.

28. Rauch, A., *Luxure. Une histoire entre péché et jouissance*, Armand Colin, París, 2016, pág. 22.

cuentros sexuales se preparan en la mesa, donde degustamos no sólo los platos, sino que también apreciamos la forma de gesticular y de hablar del compañero esperado. Pero decir que «el abuso de comida» lleva al «deseo de fornicación» es reconocer una contaminación emocional entre los alimentos, cuyo exceso es repugnante, y el acto sexual asqueroso. El deseo de sexo se convierte en una mancha, las contracciones de la cara, los espasmos del cuerpo son señales vergonzosas del placer. Hay que purgar el alma como se purga el estómago, hay que expulsar el deseo para purificar la consciencia.

Un placer vergonzoso contamina la mirada del que siente este sucio deseo: «El que mira a una mujer [...] ya ha cometido adulterio con ella»,[29] pues el mero hecho de desearla es una mancha. «Estaba tranquilo, era puro sin mujer. Basta con que una de ellas aparezca para que la tentación me torture. Ellas son culpables ya que cuando no están ahí, los hombres somos puros de espíritu, consagrados a Dios. Si no existieran, no seríamos más que beatitud y espiritualidad. ¿Con qué derecho nos rebajan y nos atraen hacia el pecado sexual?». Este fenómeno de proyección es clásico en la psicopatología de lo cotidiano: es una «operación mediante la cual el sujeto expulsa de sí mismo y localiza en el otro [...] cualidades, sentimientos, deseos [...] que desconoce y rechaza en él mismo».[30]

Las mujeres no se quedan a la zaga en esta operación. Alternan el deseo de exponer lo que en su cuerpo puede iniciar una relación sexual (escote, joyas que dirigen la mirada hacia el pecho, cinturón para resaltar la cintura, caminar contoneándose, falda con apertura, ojos de terciopelo...) con el miedo de la mancha. Las que tienen miedo del sexo atribuyen a todo hom-

---

29. Evangelio según Mateo, citado en Rauch, *ibid.*, pág. 25.

30. Houzel, D.; Emmanuelli, M.; Moggio, F., *Dictionnaire de psychopathologie de l'enfant et de l'adolescent*, PUF, París, 2000, pág. 540.

bre un deseo de flirtear («quiere rebajarme»). La proyección del odio «proviene del rechazo originario que el Yo narcisista opone al mundo exterior prodigando excitaciones».[31] «No soporto mi deseo, que me rebaja —podrían decir estas mujeres—, entonces pienso que todo hombre es un violador que busca aplastarme». Cuando estas mujeres viven en un mundo sin dios, empaquetan sus cuerpos en ropas que borran todo rasgo sexual. Y cuando viven en un mundo religioso en el que siguen las creencias del grupo, están orgullosas y felices de vestirse púdicamente y a veces incluso se encierran en un sudario negro, sin comprobar que el texto fundador de su religión no lo exige.[32]

No obstante, hay una asimetría de género en este mecanismo de proyección: cuando una chica bonita, durante un experimento de psicología social, recibe como consigna abordar a una serie de hombres desconocidos y decirles: «Me siento sola, ¿quieres pasar la noche conmigo?», un 80% de los hombres aceptan en seguida. Los que rechazan, probablemente no se sienten atraídos por las mujeres, se asustan ante esta demanda poco habitual o sospechan una emboscada. En cambio, cuando un chico guapo hace lo mismo con mujeres desconocidas, un 80% de ellas lo rechazan.[33] El acto sexual es asimétrico, ya que el compromiso es más importante para las mujeres (penetración, embarazo). Quizás también sus sentimientos, mezcla de deseo y miedo, les llevan a dar más importancia a los rituales

---

31. Freud, S., *Pulsions et destins des pulsions* (1915), PUF, París, 1988, págs. 42-43.

32. Chebel, M.; Sultan, S., *Le Coran pour les nuls, op. cit.* y Abdessalem Yahyaoui, «Processus d'interculturation et faillite de la transmission», coloquio *L'intime, le prive et le public, une clinique du lien et de l'effraction*, Hyeres, 18 y 19 de mayo de 2017.

33. La misma observación, con resultados algo distintos, pero de la misma magnitud en Panafieu, J.-B.; Marmion, J.-F., *Séduire comme une biche*, Editions de la Salamandre, Ornans, 2017.

de cortejo que les permiten valorar al candidato y familiarizarse con él. Una mujer que ha adquirido un apego seguro sabrá controlar una demanda de intimidad, aceptándola o no. Mientras que una mujer angustiada por la sexualidad no sabrá hacer otra cosa más que encerrarse o estallar. La mayoría de los hombres aceptan a menudo una aventura rápida sin compromiso, mientras que a las mujeres no les gusta tanto. Pero podemos plantear la hipótesis de que si la cultura les diera confianza, ellas también compartirían la misma actitud sexual que los hombres y pasarían más fácilmente al acto.[34]

Cuando el deseo es asimétrico, la carga afectiva de la sexualidad depende del significado que la cultura le atribuya. Abelardo escribe a Eloísa: «Tu sabes a qué bajezas mi pasión desenfrenada había dedicado nuestros cuerpos, hasta tal punto que ni el pudor, ni el respeto de Dios [...] me arrancarían del lodazal en el que revolcaba».[35] Para los amantes que viven en una cultura cristiana en la que el pecado de la carne es infame, el mero hecho de amarse es una felicidad culpable, un lodazal en el que revolcarse. El loco amor sumerge a los amantes en la desesperación. Su felicidad fue dolorosa ya que, por desgracia, les gustaba revolcarse en los placeres sexuales que les forzaban a renunciar a la pureza de la elevación espiritual. Eloísa, embarazada antes del matrimonio, se hizo monja en Argenteuil y Abelardo, castrado por los esbirros del tío de Eloísa, no pudo seguir siendo clérigo.

La descripción de una sexualidad así, maravillosa y trágica, no se hace mediante verdaderos razonamientos. No se trata de una lógica que trata de hacer cálculos para juzgar y decidir. Se trata más bien de una racionalización, en la que se da una apa-

---

34. Sales, N. J., en *Sexe et amour à l'heure d'Internet*, Books, marzo-abril de 2017, 82.

35. Abelardo, *Lettres à Héloïse, Lettre V*, Garnier Frères, París, 1875 [Trad. cast.: *Cartas de Abelardo y Eloísa*, Alianza Editorial, Madrid, 2007].

riencia razonable para justificar una conducta emocional cuya causa no se conoce. Los estudios sobre la función narrativa del apego nos ayudan a entender que cuando hay concordancia entre el relato íntimo del sujeto (nos amamos) y el colectivo (son encantadores con su fiebre sexual), la cultura permite a los amantes no sufrir por su amor. Pero cuando hay un desacuerdo entre el relato propio (nos amamos fuera del marco social) y las prescripciones culturales (se aman sin tener en cuenta las leyes de Dios) su amor auténtico causa un desgarro sentimental.

El deseo sexual es una herramienta relacional entre dos personas, pero la personalidad de los miembros de la pareja atribuye a la misma una función particular. Algunas mujeres lo utilizan como una herramienta de dominio: «Como me desea tanto, se quedará conmigo y hará lo que quiero». Compran vestidos que provocan el deseo de los hombres y hacen clases de coqueteo que reciben el nombre de «danzas lascivas». Otras dicen: «Tengo miedo de los hombres, pero este miedo desaparece cuando me cortejan». Para ellas, la seducción es tranquilizante. De igual manera, algunos hombres tiene miedo de su propia pasión: «Si por desgracia la deseo, dejaré que me domine». Masoch adoraba representar esta fantasía en una escena. Se hacía atar los pies a la cama, mientras que ella se paseaba casi desnuda, vestida solamente por una casaca de húsar bordada por un ribete de piel. La espera exacerbaba su deseo, hasta que la señal le daba la autorización de entrar en su cama.[36]

El Occidente cristiano de la Edad Media no siempre era terrorífico, a veces también era alegre. El sacerdote y el escabino organizaban orgías municipales con ocasión de los baños públicos. «En los célebres baños de Baden cerca de Zurich, jóvenes y viejos, hombres y mujeres, sanos y enfermos se metían

---

36. Michel, B., *Sacher-Masoch, 1836-1895*, Robert Laffont, París, 1989, págs. 198-199.

en la piscina pública [...] o en un estanque en el campo».[37] El municipio ponía grandes cubas de agua tibia sobre las cuales se disponía una plancha llena de víveres. Jóvenes desnudos y con sombrero hacían un banquete... y algo más, si surgía.

En el siglo XVII, se llamaba «libertino» al que hoy sería etiquetado como «perverso»: «Sin alma y sin fe hace de su placer ley suprema».[38]. Lacan, con palabras modernas, da la misma definición: «Para un perverso, sólo cuenta su goce». Sganarelle en el *Don Juan* de Molière (1665) dice: «Don Juan, maestro [...], que no cree ni en el Cielo, ni en el Infierno, ni en el hombre lobo [...], como cerdo de Epicuro [...] trata de pamplinas lo que nosotros creemos». Don Juan el perverso se ríe de las creencias y, a modo de contraataque, los creyentes virtuosos lo tratan de «cerdo de Epicuro», ellos que, para elevarse hacia Dios, rechazan revolcarse en el fango sexual.

Durante el reino de Victoria, las mujeres habían aprendido a estar sentadas apretando con fuerza, púdicamente, una rodilla contra la otra. A veces llevaban vestidos largos y velo. Luego, Occidente se volvió cada vez menos religioso, la palabra «lujuria» desapareció, progresivamente reemplazada por la expresión «derecho al goce». En esta nueva cultura conviene celebrar la belleza de lo feo. Los artistas esculpen cubos de basura, fotografían orinales, exponen la cama en la que se han suicidado y pintan, pelo a pelo, vulvas bien dispuestas. Se ha filmado *Garganta profunda*, admiramos las *performances* de un actor célebre por sus erecciones invencibles, y *Les Valseuses*, metáfora testicular, tiene un gran éxito comercial desde que el erotismo ha descendido de los cielos para entrar en los centros comerciales.

---

37. Ariès, P.; Duby, G. (dir.), *Histoire de la vie privée*, tomo II: *De l'Europe féodale à la Renaissance*, op. cit., pág. 595.

38. Boileau, N., *L'Art poétique*, 1674.

28
El amanecer de la espiritualidad

En el origen de la humanidad, los seres humanos se desplazaban mucho. Hace dos millones de años, el *Homo erectus* salió de África del Este para emigrar hacia Eurasia y dar la vuelta al Mediterráneo. Hace cien mil años, el señor y señora Sapiens, nuestros archiabuelos, partieron a pie de aquella región africana para instalarse en Europa y en Oriente próximo, donde se encontraron con la familia Neandertal (50.000 a 30.000 a.C.). Estos dos grupos establecieron relaciones comerciales, violentas y sexuales de las cuales nosotros somos el resultado, ya que hoy tenemos del 1 al 4% de genes neandertal.

Los movimientos de población se debían, como hoy, a catástrofes naturales, erupciones volcánicas o glaciaciones. Había pocas personas en el mundo entonces, ya que hubo un estrechamiento, una reducción de 15.000 a 20.000 esqueletos[1] hace diez mil años.[2] Había lugar para todos en aquella época, hecho que no impedía que estuviéramos en riesgo constante de muerte por los elementos naturales y por otros grupos humanos que no se parecían a nosotros, no hablaban como nosotros y rivalizaban para adueñarse de los espacios protegidos, plantas y caza que necesitábamos para sobrevivir. Cazábamos, matába-

---

1. Ambrose, S. H., «Late Pleistocene human population bottlenecks, volcanic winter, and differentiation of modern humans», *Journal of Human Evolution*, 1998, 34 (6), págs. 623-651.

2. Harpending, H.; Cochran, G., *The 10.000 Year Explosion. How Civilization Accelerated Human Evolution*, Basic Books, Nueva York, 2009.

mos para no morir. La lucha contra los elementos y la violencia contra los hombres no familiares tenían, en aquel contexto, un valor de supervivencia.

Se cazaba para socializarse al igual que para alimentarse. Era necesario hablar para explicar la estrategia de caza, coordinar al grupo en torno a la repartición de tareas especializadas (localización de la presa, caza y división de la carne en función de la jerarquía del grupo). La palabra daba su fuerza y su eficacia al grupo y la invención de las armas se convirtió en una herramienta para socializar. Desde que nuestros ancestros inventaron el proyectil, el arco, la flecha y las trampas, los seres humanos que pertenecían a ese grupo se sintieron seguros y más fuertes que los otros. Como nuestros hijos cuando se hacer una espada con madera y se sienten tranquilos porque han inventado un arma imaginaria.

El arte, desde el principio, estuvo vinculado a la muerte. Los objetos cortantes, las armas, los anzuelos de hueso, las sepulturas y las pinturas decoraban las paredes y narraban historias de vida y de muerte. Se disponía el cuerpo del difundo según un código postural que significaba: «Las rodillas orientadas hacia levante designan a un hombre, hacia poniente una mujer». Se coloreaban las piedras, se usaban pétalos de flores, se tocaba un instrumento de música soplando en conchas, raspando los troncos o haciendo agujeros en huesos para hacer flautas. Esta paleoliturgia era bella y emocionante. La familia Cromañón seguro que lloraba y elevaba su espíritu pensando en el difunto, su vida, su obra, su muerte. Gracias a esta representación, los objetos de arte, de muerte y de belleza rodeaban al difunto, mientras que los allegados cantaban y ofrecían alimentos. Toda persona que asistía a esas representaciones participaba en el teatro de la vida y de la muerte.

El arte religioso hace visible la muerte invisible. El dibujo de un muerto planta en el alma de cada participante, en el ritual de duelo, un sentimiento de trascendencia. Pero, en ese mundo de representaciones actuadas, el hombre-macho se comporta de un modo distinto que la mujer-hembra. El hombre es primero su fuerza y su aptitud para la violencia. Las mujeres, menos vivaces y entorpecidas por sus embarazos constantes, parecen menos duchas en la violencia física, pero poseen el don increíble, casi mágico, de traer al mundo a hombres vivos. Cuando crece un niño en su vientre, cuando la leche le viene a los pechos, la mujer parece una divinidad animal. Da la vida, nos acerca a Dios y alimenta con sus senos a niños y a animales. «Da a luz, domina a los felinos»,[3] como la esculpieron los artistas metafísicos en Anatolia en el siglo VII a.C. (Çatal Höyük), y como podemos ver aún hoy en Nueva Guinea, cuando las mujeres mastican alimentos para los bebés animales o dan el pecho a cachorros.[4]

Desde el momento en que, en el Paleolítico, el hombre entiende que debe su fuerza al mundo del artificio (el de la herramienta del verbo), escapa de la naturaleza e incluso la domina. La representación que se hace de sí mismo se transforma gracias al artificio. Ya no es un animal humano débil, perseguido y comido por tigres con dientes de sable, incapaz de correr rápido, de nadar por debajo del agua o de volar por los aires. Cuando accede al mundo virtual, el hombre se convierte en maestro de la naturaleza. Al fabricar herramientas, al inventar palabras, crea su propio mundo mental en el que se relaciona con fuerzas invisibles. Al forjar armas con filo, mata y esto le permite vivir. Al construir sepulturas, representa un mundo metafísico en el que se ejerce una fuerza que llama su alma.[5]

---

3. Otte, M., *À l'aube spirituelle de l'humanité. Une nouvelle approche de la préhistoire*, Odile Jacob, París, 2012, págs. 144-145.

4. Milliet, J., «La part féminine dans le planimètre animal de compagnie», en B. Cyrulnik (dir.), *Si les lions pouvaient parler. Essais sur la condition humaine*, Gallimard, Quarto, París, 1998, págs. 1090-1091.

5. Tinland, F.; *L'Homme sauvage.* Homo ferus y Homo sylvestris, *de l'animal à l'homme*, L'Harmattan, París, Histoire des sciences humaines, 2003.

El hombre, a partir de ese momento, habita en un mundo virtual en el que admira y teme a los animales, desea a las mujeres y teme su cuerpo porque tienen el poder de dar la vida. En ese mundo de representaciones, los animales son más que alimentos, poseen una fuerza mental que el hombre quiere conseguir. Los rituales sacrificiales persisten hasta nuestros días en forma de la caza del zorro, del ciervo y las corridas de toros, en las que el hombre frágil, gracias a su espada y a su inteligencia, impone su ley a un monstruo de músculos que busca cornearlo. Los que se oponen a las corridas creen que el torero juega a torturar a un bello animal inocente, mientras que para los aficionados se trata de una representación mítica, casi espiritual, en la que un hombre demuestra, en una danza a muerte con el animal, que es más fuerte que los que quieren destruirlo.

El hombre moderno nació hace cuarenta mil años gracias a una convergencia de descubrimientos técnicos y de relatos que transformaron la idea que se hacía él mismo de su lugar en la naturaleza. Se hizo más fuerte que la muerte gracias a su creatividad y violencia. La mujer aseguraba la supervivencia de la especie trayendo al mundo hombres y jerarquizando a los grupos gracias a su repartición de la caza y a la cocción de los alimentos.

El ser humano es el único animal capaz de separarse de su condición animal gracias a su creatividad. La invención del más mínimo objeto tecnológico le da un sentimiento de fuerza y de libertad. Y cuando pone en palabras la idea que tiene de su lugar en el universo, crea un mundo de relatos en los que cree y a los que se somete.

Cuando la escritura fue inventada, hace treinta mil años, en un lugar que hoy llamamos Irak, el hombre tuvo la prueba de que, impregnando de signos un trozo de arcilla, podía designar a cosas y acontecimientos ausentes. Al actuar sobre la materia, el escritor sumerio traía al mundo real informaciones virtuales que existían más allá del mundo percibido: la técnica se convirtió en hermana de la magia. Podemos actuar sobre la realidad gracias a las palabras habladas y escritas. Basta con decir: «Por Astaroth, Atarath y Belzebuth» para que las entidades babilonias y hebraicas actuaran sobre el alma de los hombres, les hicieran entender de pronto las fórmulas matemáticas y descubrir tesoros. Basta con escribir signos sobre una bola de arcilla, sobre un pergamino de papel o una pantalla, para descubrir y dominar el mundo del más allá. «Las fórmulas mágicas son [...] la herramientas que actúan más allá de las distancias espaciales y temporales».[6] Basta con pronunciar: «Sol, sal» o «ábrete, sésamo» para ver que, en efecto, el sol se levanta y que la roca se abre. El ser humano ya no necesita entender cómo la disposición de las estrellas actúa sobre su psiquismo. Sólo hay que decirle que ha nacido bajo el signo de Leo o de Capricornio para que lo admita como una creencia. En adelante, puede afirmar que los Leo son generosos y arrogantes y que los Capricornio son signos terrestres apegados a lo concreto, ya que está escrito.

Para dejarse fascinar por un relato, la exposición tiene que resonar en nosotros, dar una forma verbal a lo que nos preocupa, hablarnos de nuestra filiación, nuestro destino en la tierra y nuestra vida después de la muerte. Los anales religiosos se alimentan de esta necesidad fundamental.

---

6. Gehlen, A., *Anthropologie et psychologie sociale*, PUF, París, 1990, pág. 111.

29
Las migraciones de Dios

La migración es una situación casi experimental en la que podemos situar, evaluar y refutar la forma que tiene una religión de solidarizar al grupo en dificultades, proteger a los individuos, poniéndolos en riesgo de conflicto con las creencias de los grupos vecinos. Todo ser vivo tiene que procesar informaciones extraídas de la realidad si no quiere morir de hambre, frío o soledad. Pero el ser humano debe vivir al mismo tiempo en un mundo de representaciones, ya que su cerebro lo hace capaz de otorgar a los objetos un significado simbólico y utilizar los relatos para unificar el grupo. Aquí es donde todo se complica.

Desde los paleoviajes de la familia Sapiens, los movimientos de población no cesan, haciendo que se agiten las culturas. Después de cada catástrofe natural, cada guerra, una parte de la población debe dejar su país de origen, llevándose sus herramientas y relatos para refugiarse en un país vecino. Los que acogen quieren aprovecharse del trabajo de los que llegan, pero no alcanzan a creer en sus creencias. Este proceso, que existía ya en la época en que había pocas personas en la tierra, se vuelve un asunto peliagudo ahora que somos casi 8.000 millones y que la tecnología ha metamorfoseado los transportes y el urbanismo. Los inmigrantes siguen estando en la periferia de las ciudades y difícilmente entran en sus corazones para integrarse en la cultura huésped. Esta limitación urbanística organiza la cohabitación de dos grupos separados, pero entorpece la integración y la asimilación.[1]

La población que llega se reagrupa como un clan, ya que se la acoge a duras penas. Se advierten sin dificultad algunos marcadores del malestar, tales como el consumo de medicamentos, las consultas psiquiátricas (depresiones, suicidios), las conductas antisociales como la delincuencia y sobre todo la no socialización, como el paro, el alojamiento en refugios para sin techo, la violencia familiar y la falta de apoyo a los niños que dejan la escuela. Estos indicadores de malestar varían de un grupo a otro y según las circunstancias sociales. El repliegue en el clan se favorece mediante la periferización del urbanismo, a veces combatido por una cultura de acogida para que no sea usado por gurús, profetas de desgracias. Cuando el país huésped se inquieta por este contacto sin intercambio, también reacciona encerrándose y desconfiando de los vecinos que acaban de llegar.

Cuando la migración es elegida, el fenómeno no tiene mucha importancia porque el recién llegado, después de haber sentido el inevitable estrés de la aculturación, se verá rápidamente tranquilizado por la familiarización de sus compañeros de universidad o colegas de trabajo. Pero cuando la migración es forzada, el recién llegado es infeliz por haber dejado su país de origen, haber sido atracado y timado durante su viaje y ser finalmente expulsado a la periferia desde su llegada a un barrio superpoblado, todos los indicadores del malestar aumentan.

En este grupo en dificultades, los que entran más fácilmente en la cultura de acogida son los que hablan más de dos lenguas. Han estado rodeados desde su infancia, se sienten apoyados

---

1. *World Urbanization to Hit Historic High by Year's End*, Naciones Unidas, Nueva York, 2008 [https://www.un.org/press/en/2008/pop961.doc.htm].

por sus padres y acogidos por los nuevos amigos. Con facilidad se convierten en biculturales.[2]

Las políticas de acogida tienen un papel importante en la orientación del destino de los inmigrantes. La peor solución es la de los campos, en los que, en algunos días, los procesos arcaicos de socialización reaparecen. La ley del más fuerte expande la violencia en el grupo. Esta política catastrófica no siempre se puede evitar, como vemos en el Líbano, donde 1,5 millones de sirios se han instalado en campos de tejas blancas, largas avenidas, con comercios y maternidades. Los campos palestinos son soportables en Jordania, pero en otros países árabes, sobre todo en territorio palestino, se parecen a barrios de chabolas, como los de Calais en Francia. Cuando los palestinos, expulsados por la ocupación otomana, luego egipcia, llegaron a Chile, se convirtieron rápidamente en chilenos. Cuando emigran hoy en día a Suecia, Estados Unidos o Francia, para ellos no hay campos, se integran desde la primera generación. Mientras que cuando se les pone en campos, siguen siendo inmigrantes a la tercera generación.

La religión aporta a los inmigrantes un importante factor de protección, dignidad y autoestima, pero estos grupos solidarizados por un solo Dios ofrecen un caldo de cultivo ideal para predicadores ideológicos. En un contexto de desculturación, un niño solo no puede integrarse, salvo si tiene la suerte de encontrar a una familia o institución donde pueda estar protegido, ir a la escuela, aprender su nueva cultura y soportar la pérdida de su familia de origen.[3]

Cuando está rodeado de una familia en dificultades y por tanto insegura, vemos cómo se agranda el foso de la acultura-

---

2. Berry, J. W., «Acculturation : Living successfully in two cultures», *International Journal of Intercultural Relations*, 2005, 29 (6), págs. 697-712.

3. Davidson, G. R.; Murray, K. E.; Schweitzer, R., «Review of refugee mental health and wellbeing: Australian perspectives», *Australian Psychologist*, 2008, 43 (3), págs. 160-174.

ción. Los niños aprenden la lengua de la cultura de acogida más deprisa que sus padres, lo cual puede fomentar la vergüenza por la cultura de origen. Una madre polaca que aprendía lentamente el francés llevó a sus hijos a comer algo rápido. Pidió la comida al camarero señalando a su hijo: «*Croque-monsieur*». Luego señalo a su hija diciendo: «*Croque-madame*». Luego se señaló a ella misma diciendo: «*Croque-moi*». Los niños ocultaban su vergüenza ahogando su risa. Estos padres a veces se ven humillados por el éxito de sus hijos, que sienten como una condescendencia o una traición: «Nos menosprecias después de todos los sacrificios que hemos hecho por ti». En las familias en las que la religión evita este desgarro, no surge el abismo de la aculturación.[4] Lo que armoniza los vínculos entre las generaciones es compartir una representación divina que caracteriza al grupo. En una población cristiana americana, la idea de Dios no tiene las mismas características según los creyentes: el 31% afirman que el Dios de los cristianos es pura bondad y el 23% lo encuentran distante.[5] El grupo se une por la creencia en un mismo Dios que no tiene el mismo carácter para todos los fieles.

En un grupo de creyentes musulmanes, la representación de Alá está más unificada, ya que el 95% de ellos afirman que toda desobediencia será severamente castigada. Los hindúes piensan así en un 80%. En cuanto a los católicos peruanos, el 80% lo encuentran severo, mientras que entre los asiáticos no son más del 60% los que piensan así. Los judíos creyentes no imponen sus creencias a los judíos laicos o a otras religiones. Empiezan toda ceremonia en la sinagoga con una plegaria para dar las gracias a Francia que, después del Concordato, les dio el es-

---

4. Elder, J. P.; Broyles S. L.; Brennan, J. J.; Zuniga de Nuncio, M. L.; Nader, P. R., «Acculturation, parent-child acculturation differential, and chronic disease risk factors in a Mexican-American population», *Journal of Immigrant Health*, 2005, 7 (1), págs. 1-9.

5. Johnson, D., *God Is Watching You, op. cit.*, págs. 61-65.

tatus de ciudadanos. La comparación de estas investigaciones permite pensar que el islam es la religión más uniformizadora y que incluso los dogmas más rígidos evolucionan adaptándose al contexto cultural.[6]

Cuando el desarrollo de los niños no se armoniza con las creencias de los padres, los jóvenes ven la religión como una restricción, pero cuando las creencias concuerdan, la religión adquiere un efecto protector que mejora el apego entre generaciones.

Cuando la estructura familiar se mantiene en un mundo de representaciones compartidas, se trate de religión o de un proyecto de existencia, los niños tendrán una salud mental comparable a la de los niños de la cultura de acogida. Pero cuando los niños son errantes culturales, porque han sido abandonados o porque su rápida integración se ha visto disociada de la de sus padres, más lenta, el tejido familiar se desgarra y aparecen problemas psíquicos, en los padres desdichados y en los niños expulsados.[7] El contexto cultural tiene un rol importante en lo que se refiere a orientar la religión hacia un efecto protector o hacia la creación de conflictos. Regiones enteras viven hoy bajo la constante amenaza de destrucción por parte sus vecinos. Turquía, India, Corea del Sur y Oriente Próximo dan a sus religiones un aspecto defensivo, una reacción de guerra para oponerse a la guerra. Estas religiones distintas se vuelven rígidas para aumentar su efecto protector, hasta el punto de ensalzar a señores de la guerra o a candidatos dictadores.

Y viceversa, en países seguros como Islandia o Nueva Zelanda, los vínculos religiosos rígidos causarían el efecto de una

---

6. *Ibid.*

7. Gonzalez Castro, F.; Murray, K. E., «Cultural adaptation and resilience: Controversies, issues, and emerging models», en J. W. Reich, A. J. Zautra, J. S. Hall, *Handbook of Adult Resilience*, The Guilford Press, Nueva York, 2010, pág. 382.

restricción insoportable. En este otro contexto, una religión relajada da un aspecto amable a las religiones que habitan en estos países. Los orgullosos maorís ya sólo son guerreros en los campos de rugby mientras que, en la vida cotidiana, se relacionan con otros grupos humanos que aman a Dios de forma distinta.[8]

La felicidad de ser bicultural se construye cada día y se impregna en las costumbres sociales. Cuando este trabajo se hace mal entre dos culturas no asociadas, se produce un conflicto de moralidad. Jóvenes que buscas integrarse en una cultura de acogida cuyos valores son opuestos a los de su cultura de origen, dicen: «Estoy entre dos sillas», para explicar su confusión de identidad, o bien: «Quiero convertirme en una mujer occidental, pero mi madre y mis hermanas piensan que es inmoral». Cuando los padres pactan con las dos culturas, los niños se integran fácilmente y este proceso lleva, en algunas generaciones, a una asimilación sin violencia: «Tengo un abuelo judío pero soy cristiano». Pero cuando la asimilación se impone desde la primera generación, es vista como una violencia contra los orígenes. Cuando los niños oyen que en la cultura de origen se critica la religión de sus padres, sienten, a pesar de su deseo de integrarse, una amargura hacia la cultura huésped. Pero cuando la cultura de apego se interesa por la cultura de sus padres, disfrutan del orgullo bicultural. Lo que es nuevo es que en la tercera generación, perfectamente integrada, los nietos de inmigrantes vayan en busca de sus orígenes. No es raro que un descendiente de republicanos españoles, exiliados por la Guerra civil española, diga que quiere volver a su casa en España, para sorpresa de sus padres, que se sienten totalmente franceses. Este nieto no ha sido expulsado de Francia, sino que

---

8. Norenzayan, A., *Big Gods. How Religion Transformed Cooperation and Conflict*, Princeton University Press, Princeton, 2015, pág. 141.

al volver al país de sus ancestros tiene la impresión de vivir en una aventura identitaria exaltante.

Muchos latinoamericanos sueñan con ir a España, la «madre patria» que sus ancestros combatieron durante las guerras de independencia del siglo XIX. Muchos norteamericanos van en busca de sus raíces alemanas o irlandesas, experimentando el sorprendente placer que da la genealogía. No se trata de una emigración forzada, sino más bien de una emigración soñada, necesaria para su desarrollo y para fortificar su identidad.

Este fenómeno es sorprendente en las comunidades judías en las que, durante la Edad Media, la solidaridad de este pueblo desparramado se vio reforzada por las persecuciones. Los judíos que viajaban mucho tenían miedo cuando llegaban a una ciudad donde no había primos que les acogieran. Cuando los pogromos estallaron a partir del siglo XVII, la emigración de este pueblo multicultural pero unido por un solo Dios fue a la vez forzada y aceptada de buen grado: «Polonia es la infelicidad, Europa es una tierra de saber y Palestina encarna el pasado y la esperanza».[9] Entonces el espacio judío era más metafórico que físico, pero la persecución europea y árabe los empujó al exilio. La esperanza guió a este pueblo. ¿Es esta la razón por la que los nietos de hoy redescubren con felicidad el judaísmo de sus abuelos, y lo enseñan a sus padres que creían haberlo olvidado? Hacia la edad de 10 años, piden al rabino que les explique la fe y les enseñe a sus padres, sorprendidos y contentos, cómo hay que hacer para ser otra vez judío.

Un fenómeno análogo se desarrolla en Estados Unidos, donde se crean asociaciones de afroamericanos, mientras que sus padres militaron para que acabara la discriminación por el color de la piel. Los jóvenes afroamericanos se sienten menos dis-

---

9. Barnavi, E. (dir.), *Histoire universelle des Juifs. De la genèse à la fin du XXe siècle*, Hachette, París, 1992, pág. 8.

tintos en una comunidad de afroamericanos en la que hay poca preocupación por el color de la piel, mientras que los afroamericanos en un entorno de blancos se sienten más negros cuando son objeto del menosprecio, la condescendencia y a veces de agresiones. Establecen el mismo baremo del color de la piel: cuanto menos negros sean, menos agredidos se sienten. Por este motivo, un asesinato racista es a la vez un crimen contra la humanidad y una ocasión para reagrupar a los perseguidos en la legítima defensa del orgullo de ser afroamericanos.[10]

---

10. Phinney, J. S., «A three-stage model of ethnic identity development in adolescence», en M. E. Bernal, G. P. Knight (dir.), *Ethnic Identity: Formation and Transmission among Hispanics and Other Minorities*, State University of New York Press, Albany, 1993, págs. 61-79.

30
Dilución de Dios en Occidente

Habría pues un flujo y un reflujo, una especie de respiración en la que los niños oscilan entre el marco protector y lo que se convierte pronto en un marco asfixiante. Aplastados por las restricciones religiosas, están orgullosos de escapar de ellas, pero a la generación siguiente sus propios hijos, flotando sin marco religioso, están contentos de redescubrirlo. Cuando los padres son abiertos, «panéticos»,[1] aceptan todas las culturas y todas las religiones, sus hijos necesitan encontrar la felicidad de la certidumbre descubriendo el efecto identificador de una sola religión.

La desaparición de la necesidad religiosa fue clara en Occidente a partir de los años 1960. Incluso en los países en los que la fe organizaba la sociedad, como Canadá, Italia o España, la preocupación por Dios se diluyó. Un gran número de jóvenes sintieron esta relajación como una liberación, una paz recuperada después de tantas restricciones religiosas. Pero a la generación siguiente, los adolescentes se sintieron abandonados cuando sus padres, deseando ser democráticos, les dieron la libertad de escoger su fe. Estos chicos, dejados de lado, desestructurados por el abandono cultural fueron presa de gurús.

---

1. Chung, R. H.; Kim, B. S.; Abreu, J. M., «Asian American multidimensional acculturation scale: Development, factor analysis, reliability, and validity», *Cultural Diversity and Ethnic Minority Psychology*, 2004, 10 (1), págs. 66-80.

Mientras que los de los barrios opulentos, privados del deseo en la adolescencia, fueron en busca de una aventura religiosa: «Soy musulmán, dicen, después de una conversión rápida; sólo tengo que aprender lo que es ser musulmán». Estas personalidades inseguras son producto de familias en las que han sido amados y bien educados, pero privados de elementos que les habrían ayudado a identificarse, por eso se sumergen en una religión en un intento de aventura exaltante.[2]

En febrero de 1994, Baruch Goldstein, médico militar israelí, entró en la cripta de los Patriarcas de Hebrón, mató a 29 musulmanes que estaban rezando e hirió a otros 125. Había nacido en Brooklyn en una familia judía ortodoxa que fue a instalarse en territorio palestino «en disputa». La historia de la religión está llena de crímenes religiosos. Esta aglomeración es una de las más antiguas del mundo. Los árabes vinieron a instalarse a partir del siglo VIII, pero los monoteístas consideran que la tumba de los Patriarcas es un lugar sagrado de su propia religión. Fue necesario planificar las oraciones. En 1929, en la época en que sólo había judíos palestinos y musulmanes palestinos, un enorme pogromo mató a 69 judíos y forzó a los habitantes a encerrarse. Hoy, 900 judíos viven ahí, rodeados de 200.000 musulmanes. Durante cada plegaria judía, los manifestantes gritan: «Vamos a degollar a todos los judíos». Este clima de odio es el que aprovechó Baruch Goldstein para entrar en el templo y ametrallar a musulmanes inocentes. Cuando tuvo que recargar el arma, los soldados israelíes lo hirieron, los supervivientes se abalanzaron sobre él y lo apalearon hasta la muerte. Este crimen causó una gran indignación internacional. La ONU y el gobierno israelí condenaron la masacre.

---

2. Carranza, M. E., «Building resilience and resistance against racism and discrimination among Salvadorian female youth in Canada», *Child and Family Social* Work, 2007, 12 (4), págs. 390-398.

Un mes más tarde algunos sondeos captaron las reacciones encontradas en Israel.[3] Los judíos que veían la religión como espiritualidad (80%) vieron que un musulmán rezando no es distinto de un judío rezando. Para ellos, Goldstein es un asesino. En cambio, los judíos encerrados en un entorno extremista (6%) dirigido por el rabino Kahane consideraron que Goldstein era un héroe.[4] Quienes creen que es la espiritualidad la fuente del impulso hacia Dios se indignaron por el asesinato de musulmanes orando, mientras que los que piensan que sólo cuenta la victoria de su propio Dios, se sintieron felices, porque lo vieron como una defensa legítima. De hecho, Goldstein hizo realidad parte del programa de sus enemigos, ya que Hamas también rechazaba los acuerdos de paz de Oslo de 1993 e incrementó los atentados con el objetivo de impedir que se hicieran realidad. La complicidad de los extremos es habitual, como en Europa en los años 1930, cuando los nazis preparaban la guerra y prometían mil años de felicidad, mientras que los docentes franceses también la preparaban enseñando a los niños el odio a los boches que nos robaron la Alsacia y la Lorena.

---

3. Helm, S., «Hebron killer praised as a hero by young Israelis: Teachers are shocked at the level of support of anti-Arab violence», *Independent*, 4 de marzo de 1994.

4. Norenzayan, A., *Big Gods, op. cit.*, pág. 164. Estas cifras con toda seguridad embellecieron la reacción virtuosa de los israelíes. Otras investigaciones matizaron estos porcentajes.

31
Desenlace

Desde hace algunos años, muchos investigadores trabajan para entender el efecto psicológico de la creencia en un dios. No son historiadores ni sacerdotes, algunos son creyentes y otros no, pero quieren descubrir la influencia de las creencias en la mente. ¿Cómo se accede a una representación imposible de percibir que, no obstante, guía nuestra existencia? ¿Cómo se establece este mundo invisible durante el desarrollo neurológico, afectivo y narrativo en un contexto cultural determinado? ¿Cuáles son los beneficios mentales y sociales de estos procesos, y por qué a menudo tienen efectos malos?

Cuando organizamos los primeros grupos de investigación sobre la resiliencia,[1] algunos dijeron: «La religión es un factor de resiliencia muy valioso».[2] Lo afirmaban pero no sabían ni demostrarlo ni refutarlo, como hay que hacer en todo trabajo científico. Hoy los trabajos de neuroimagen, en psicología y en psicosociología, esclarecen este debate cuyos resultados se presentan en este libro.

---

1. Cyrulnik, B.; Alameda, A.; Colin, J., *Congreso internacional de resiliencia*, Toulon-Ollioules, Chateauvallon, 1994; y Cyrulnik, B. (dir.), *Ces enfants qui tiennent le coup*, Revigny-sur-Ornain, Editions Hommes et Perspectives, 1998.

2. Por ejemplo Michel Manciaux, Stephan Vanistendael (director del BICE: Oficina internacional del catolicismo – Ginebra) y Jacques Lecomte.

Tres ideas orientaron nuestras reflexiones:

1. La religión es un fenómeno mental que caracteriza a la condición humana, de forma universal, sea cual sea la cultura. Pero cada cultura da a esta tendencia una forma distinta.
2. La religión tiene un efecto organizador del grupo. Actúa sobre los individuos que componen la comunidad y acompaña su desarrollo neurológico, afectivo y psicológico. La teoría de la mente permite observar y experimentar cómo se establecen las transacciones entre el desarrollo del cerebro, que permite representarse lo invisible, y los relatos del entorno elaborados durante la historia del grupo.
3. El efecto socializador de las almas y las representaciones rituales, las jerarquías de valores que crea un sentimiento del yo moral y estimable, la maravilla de las obras de arte religiosas y el impulso trascendental son iluminados por las religiones. Pero también hay mundos mentales sin dios. Los agnósticos y los ateos hablan poco de ello porque no les preocupa de ese modo, mientras que los creyentes organizan su vida cotidiana alrededor del éxtasis que les conduce a Dios.

La principal diferencia entre los no creyentes y los creyentes se encuentra en el sentimiento de lo sagrado, que algunos sienten como algo evidente mientras que otros no sienten necesidad alguna de él. Esta diferencia sentimental organiza su representación del tiempo. Los creyentes perciben un tiempo dilatado: piensan que lo que les permitirá vivir después de la muerte proviene de lo que les ha permitido sobrevivir esperándolo: «Basta con respetar lo que está dicho y escrito». Los enunciados divinos son sagrados, ya que dan la vida antes de la muerte y después de ella. Es un poder divino que un hombre normal, profano, no puede tocar sin mancillar, es casi un tabú.

Los que no tienen un dios viven una teoría de la mente más cercana, más inmediata. Piensan: «Hoy el mundo ha cambiado.

Si queremos vivir, debemos adaptar nuestra conducta y valores al nuevo entorno. No es el pasado lo que nos protege y nos permite vivir».

Los beneficios de la religión son indiscutibles. Un niño sólo puede desarrollarse en contacto con el cuerpo de aquella que lo protege y le enseña a vivir cuidando de él. Cuando una proximidad sensorial así impregna en su memoria biológica un rastro no consciente,[3] el niño adquiere una confianza en sí mismo que le proporciona el placer de explorar y aprender el mundo de las cosas y de la gente. Durante su tercer año, cuando el niño aprende a hablar, continúa su desarrollo con este proceso de protección-exploración. Pero, en este nivel de desarrollo, no es sólo el cuerpo de la figura de apego lo que le sirve de base protectora, también es lo que ella dice. A partir de lo que cuentan sus padres, el niño aprende a ver el mundo. Su representación de lo real depende en adelante de la iluminación verbal enunciada por sus figuras de apego. El hecho de compartir los mismos relatos y de creer en el mismo mundo invisible crea un sentimiento de familiaridad, una pertenencia protectora y fortificante.[4] Los rituales domésticos y religiosos son ejercicios de memoria en los que se aprende a vivir con los seres amados. Organizan una especie de entrenamiento para la trascendencia en el que los cantos, las oraciones, los objetos de culto, los comportamientos sincronizados, bellos y extraños, impulsan la elevación del alma.

Los niños abandonados o aislados afectivamente se desarrollan en un nicho sensorial empobrecido. Aprenden a evitar todo contacto y a autocentrarse, ya que no disponen de una alteridad

---

3. Delage, M.; Lejeune, A., *La Mémoire sans souvenirs*, Odile Jacob, París, 2017.

4. Saroglou, V., «Comprendre la religion et l'irreligion», enV. Saroglou (dir.), *Psychologie de la religion, op. cit.*, págs. 302-325.

protectora.[5] Esta situación los priva del acceso a los relatos del otro. Sus impulsos agresivos contra ellos mismos u otros, su retraso en el lenguaje, la imposibilidad de compartir las representaciones colectivas explican sus dificultades de socialización.

Los tutores de desarrollo afectivo y verbal son necesarios para todo niño. En una familia no creyente, los tutores son próximos y designan a un universo accesible a todo ser vivo. Mientras que en una familia creyente, designan todos los días, durante los rituales y conversaciones, un universo metafísico en el que reina una fuerza todopoderosa y omnipresente, que algunos llaman Dios o Alá o Jehová o...

Para un creyente, nada es más explicable que el misterio. Cuando no se soporta la representación de la nada, hay que poner un relato en el lugar de la nada, para evitar el vértigo ansioso del vacío. En la Edad Media, se explicaba la caída de los cuerpos diciendo que tenían la virtud de caer. Con la organización del método científico se descubrió que caían según las leyes de atracción terrestre que se calculaban escribiendo: $1/2\ GT^2$. Pero esta descripción matemática no decía nada del sentido de su caída. Describía cómo los cuerpos caen, no por qué. Los que no soportan que no haya explicación aprovechan su propia aptitud para una teoría de la mente con el fin de atribuir una intención a la fuerza invisible. Dicen: «Este cuerpo cae porque Dios lo ha querido». Para ellos las leyes naturales están sometidas a un gran diseño del que nada escapa. Al atribuir una intención a esta fuerza sobrenatural, dicen: «Dios se enojará si no respetamos su ley». Someten a creyentes y a no creyentes a una instancia castigadora, consideran que no someterse a la ley de Dios es propio de un infiel y a veces es una blasfemia que merece castigo. Las explicaciones metafísicas dan una sensa-

---

5. Guedeney, N.; Guedeney, A., *L'Attachement. Concepts et applications*, Masson, París, 2002.

ción de elevación por encima de las personas, están «más cerca de ti, Dios mío». La grandeza metafísica sobrevuela la estrechez de la realidad.

Casi se podría hacer una descripción del camino hacia a Dios apoyado en la teoría de la mente.

- «Es así» podría ser la primera etapa. Los animales perciben fragmentos de la realidad que unen para construir una visión de un mundo cercano. Un tigre en un zoo busca morder el látigo que chasquea cerca del él, pero rara vez ataca la mano del que lo blande. Su cerebro no puede ir a buscar lejos la causa del sonido que silba en sus oídos. Un bebé humano de pocos meses se sorprende al ver desaparecer el rostro de su padre escondido detrás de una servilleta. De pronto, se alegra cuando lo ve reaparecer diciendo: «cucú».
- En un mundo de niño que habla, lo real se convierte en mágico. Una hoja que cae de un árbol ya no es sólo una cosa-hoja cuando la madre dice: «Caen revoloteando como un pajarito». Cuando papá explica una historia por la noche antes de dormir, el niño vive en el relato que oye y siente menos la soledad del fondo de su cama.
- Cuando, desde los primeros años, basta con apretar un botón para hacer desaparecer un mundo de imágenes de colores ruidosas, esto para el niño es un equivalente técnico del «ábrete sésamo». El gesto actúa sobre la materia y hace aparecer otro mundo. La tecnología para el niño es la prueba de que la magia existe.
- Cuando el niño señala para designar a un objeto, guía la mente de su madre, gobierna su alma para orientarla hacia algo que compartir. Aún está cerca de ella en un mundo que se aleja.
- Cuando, hacia los 6-8 años, el desarrollo de su cerebro hace posible la representación del tiempo, al conectar las neuronas prefrontales de la anticipación con las del circuito límbi-

co de la memoria, el niño es capaz de encadenar hechos en un relato duradero. Entonces los padres dan sentido a los rituales religiosos que él realizaba incluso antes de poderlos integrar realmente en el tiempo. Sus figuras de apego le ofrecen ahora la explicación de un más allá invisible, sobrenatural y poderoso, con el que es posible comunicarse y que él podrá controlar obedeciendo a sus leyes, haciendo ofrendas o, en caso de pequeñas faltas «transgresoras», aceptando el castigo redentor.
- Cuando este camino es posible, crea un sentimiento de autoestima («estoy creciendo»), socialización («aprendo a vivir entre los que amo») y elevación del alma («estoy por encima del aquí-abajo»).

Los que no tienen un dios hacen el mismo camino: «Estoy orgulloso de vivir en una sociedad que hace la Revolución... Voy a participar en el progreso luchando contra la injusticias sociales... haciendo desaparecer las enfermedades». Los no creyentes no escapan de esta capacidad de vivir en un mundo abstracto, representado en el aquí-abajo por objetos, obras de arte y relatos.

Creyentes metafísicos, profanos o científicos, nuestra habilidad para la teoría de la mente nos hace sentir un mundo ausente, claramente percibido en forma de objetos, el profeta, el profesor, el sacerdote o los escritos fundadores. Esta visión nos aporta tantos beneficios que nos irritan quienes que no la comparten. Nos traicionan, nos agreden al dar otra visión del mundo. Entonces, para protegernos buscamos imponerles la única visión verdadera del mundo: la nuestra.

Cuanto más facilita una sociedad el desarrollo personal, más distintos son los mundos mentales y más difíciles son de armonizar. El totalitarismo que impone una sola verdad fabrica un mundo estable en el que reina el orden... el de los cementerios. Una sola visión, simple y obligatoria, impide las mil evoluciones diferentes posibles.

La religión calma el miedo de vivir. Los dioses se convierten en terapeutas en situaciones de alerta, cuando se siente uno en peligro, se ha perdido un ser amado, cuando ha habido una desgracia o cuando un desarrollo debilitador nos hace sentir el más mínimo acontecimiento como un trauma. En todos estos casos, la religión tiene un efecto de protección y se convierte en un factor de resiliencia cuando, después de la desgracia, el herido busca retomar la vida. En este sentido, la religiosidad es un valioso factor de salud mental.[6]

Cuando una persona se desarrolla bien, en una familia protectora, en una sociedad de paz y en una cultura que facilita los encuentros entre personas, la necesidad de religión se impone menos. Los que viven sin dios en los países del norte de Europa tienen una buena salud mental, pero su teoría de la mente no es «ambiciosa»: no necesita relatos metafísicos, acepta no poder explicarlo todo, sin que ello cause la angustia del misterio de la vida. Algunas explicaciones accesibles bastan a estos teóricos para ser felices viviendo en el instante presente.

La diferencia reside seguramente en una postura epistemológica que consiste en recoger las informaciones que dan acceso al conocimiento del cuerpo, la mente y el arte de vivir juntos. Para la mayoría, esta postura es una artesanía adquirida en la familia en la que han aprendido a vivir con Dios. Otros se ven tentados por una epistemología ambiciosa y fundamental: ¿por qué existimos? ¿Cuál es el motivo?» A veces, encuentran a Dios durante una Revelación, en una repentina comprensión próxima al amor a primera vista o en una experiencia cercana a la muerte.

Estas posturas epistemológicas conllevan estrategias relacionales distintas. Los no creyentes aceptan de buen grado

---

6. Park, C. L., «Religiousness/spirituality and health: A meaning systems perspective», *Journal of Behavioral Medicine*, 2007, 30 (4), págs. 319-328.

la incertidumbre y son más autónomos, menos conformistas, gustan de la reflexión incitada por la duda, nunca emplean la palabra «tolerancia», ya que no hay nada que tolerar en presencia de otro que simplemente vive con ellos.

Los creyentes buscan primero la certidumbre, temen la duda que cuestiona su fe, se esfuerzan en tolerar la alteridad para evitar la guerra y quieren tener de sí mismos una imagen de bondad y de grandeza de alma. Dan mucha importancia a la socialización por conformismo: ser como Dios manda, mantener una buena postura y decir lo que hay que decir. La recitación es para ellos una herramienta de socialización, como durante la Inquisición cristiana, en la que era necesario convertirse, pero también dar pruebas de su buena fe. Durante las décadas dominadas por la religión profana comunista, todo camarada debía escribir cada seis meses su «autobiografía», en la que contaba con todo detalle lo que había hecho y pensado, para que los comisarios del pueblo juzgaran si era una persona conforme al ideal proletario.[7]

Cuando un grupo se cierra, el conformismo se instala. Todos imitan lo que hace el otro o lo copian por el mero hecho de la existencia de las neuronas espejo, que fomentan el «deseo mimético».[8] Es difícil no vestirse como el otro, no aprender su lengua y adquirir su acento, no repetir las opiniones del grupo. Esta agradable luz nos orienta hacia quienes se parecen a nosotros y oculta a quienes no piensan como nosotros. Un ser humano no se orienta directamente hacia el objeto deseado. Entre él y el objeto hay otro que le indica lo que es deseable.

---

7. Serban Ionescu, testimonio personal sobre la vida de sus padres, en Rumanía, en la época de Ceauşescu. Intervención en el III Congreso mundial sobre la resiliencia, en la Universidad de Quebec-Trois Rivières, 2016.

8. Girard, R., *Des choses cachées depuis la fondation du monde*, Grasset, París, 1978.

Conclusión
La vía de Dios

Parece que la fe es un valioso factor de resiliencia.[1] La fe es una esperanza que enardece, pero cada religión da una forma distinta a esa esperanza. Después de una crisis existencial, la personalidad retoma el curso de su historia y conserva el amor al Dios en el que creía antes de la crisis. Pero después de un trauma, cuando el cerebro se desconecta a causa de una emoción violenta, cuando el psiquismo ha experimentado la agonía, hay que reorganizar la forma de estar en el mundo. Entonces Dios puede modificarse. El herido puede agarrarse a él con la esperanza de los desesperados. Entonces puede encontrar algo que ignoraba, puede sentirse abandonado por Él a pesar de que lo adoraba. El acceso a Dios es una forma universal de regular las emociones y de socializar las almas. Los objetos de culto crean obras de arte que representan a Aquel que no siempre se ve pero que siempre está ahí.

Los rituales religiosos se organizan como sesiones de entrenamiento para creer, en un lugar decorado que llamamos «mezquita, capilla, templo, cátedra» u otros teatros de la trascendencia. De esta artesanía de los gestos, palabras y cantos resulta un sentimiento de elevación por encima de la vida cotidiana. Los beneficios con apreciables: apaciguamiento emo-

---

1. Pargament K. I., Cummings J., «Anchored in faith. Religion as a resilience factor», *in* J. W. Reich, A. J. Zautra, J. S. Hall, *Handbook of Adult Resilience, op. cit.*, p. 193-210.

cional, desaparición de la angustia, mayor autoestima, se tejen vínculos, el grupo se solidariza, se moraliza, se puede sentir la maravilla de ser.

No obstante, hay que señalar que en otros creyentes las emociones positivas, la euforia por realizarse, el placer de existir, dan un impulso hacia el otro, fuente de religiosidad. Estas personas no se refugian en Dios para luchar contra la angustia o la desgracia sino que, al contrario, sienten una «oblatividad religiosa»,[2] un deseo de ofrecer a Dios y a otros seres humanos su tiempo, sus bienes, su trabajo y a veces su cuerpo para sentir felicidad y dar felicidad. Un placer que es compartido y que se refuerza mucho cuando se vive como una «trascendencia de uno mismo»[3] —mientras que un placer solitario es tan sólo una emoción fugaz—.

La alegría religiosa carece de humor. El que siente la «euforia de ser» se dirige sonriente hacia al otro, abre los brazos, dice palabras amables, pero no ríe. El humor es una transformación del sufrimiento que nos invita a burlarnos del mal, haciendo de él una representación desviada, una sorpresa, una pirueta. Se mantiene el contacto con el otro, pero no se presenta uno como una víctima que gime. Cuando hacemos sonreír a quienes amamos, sin contaminarlos con nuestra infelicidad, salvamos nuestra propia imagen.[4] La alegría religiosa es compartir la felicidad, mientras que el humor es una protección contra la infelicidad. El impulso hacia el otro es una emoción que socializa, mientras que el humor representa el sufrimiento inventando historietas, un teatro de uno mismo que encanta la mente del otro y convierte la desgracia en broma.

---

2. Cappelen P. von, Rime B., «Emotions positives et transcendance de soi», *in* V. Saroglou (dir.), *Psychologie de la religion, op. cit.*, p. 112-129.

3. *Ibid.*, p. 112.

4. Anaut, M., *L'Humour entre le rire et les larmes. Traumatismes et résilience*, Odile Jacob, París, 2014.

Este impulso es preverbal: un niño no necesita a Dios para sentir compasión. Un pequeño experimento permite demostrarlo. Unos cincuenta niños de 10 meses, protegidos por la presencia materna, observan a una mujer que no conocen rearmando un osito de peluche mecánico que toca el tambor. Este acontecimiento extraordinario despierta mucho su interés cuando, siguiendo la consigna experimental, la mujer hace ver que, cuando está montado, el peluche no toca el tambor. Y la mujer simula una gran pena. De los 50 pequeños observados, 48 van a consolarla, a acariciarla, le dan besos, le ofrecen algún alimento y algunos llevan el peluche a su madre para que lo repare,[5] ya que las madres saben hacer de todo. Dos niños, emocionados por la «pena» de la mujer, se acercan a ella y le pegan. Estos pequeños vivían en un hogar rígido, evitativo, en el que las expresiones de las emociones no eran toleradas. ¿Era ésta la causa de su reacción? Este experimento propone una hipótesis explicativa: un niño no se orienta hacia un objeto como una llave hacia su cerradura. El objeto «mujer-que-llora» adquiere una connotación afectiva bajo la mirada de los padres. Cuando ellos son afectuosos, el niño aprende a dar afecto a los objetos que ve. Pero cuando los padres son evitativos y distantes, organizan alrededor del pequeño un nicho afectivo en el que se aprende a ser esquivo-distante y castigador. El objeto «mujer-que-llora» causa en él una emoción de inhibición que se libera en forma de agresión y no de compasión. Un niño no descubre el mundo como un objeto dado hacia el que hay que dirigirse. Su descubrimiento está guiado por la mirada de las figuras de apego. Este gobierno afectivo atribuye al mundo percibido por el niño una connotación de afecto o de odio.

---

5. Bischof-Kohler, D., «The development of empathy in infants», en M. E. Lamb, H. Keller (dir.), *Infant Development : Perspective from German-Speaking Countries*, Hillsdale (NJ), Erlbaum, 1991, págs. 245-273.

Durante los años 1930 en Francia, cada día los docentes enseñaban a odiar a los boches, los alemanes que nos habían robado Alsacia y Lorena. Así, cuando los jóvenes franceses detestaban a los alemanes y sentían felicidad ante la idea de destruirlos, lo hacían con la mayor sinceridad del mundo. Y como los alemanes habían organizado un sistema educativo alrededor de la idea de raza, sentían la necesidad de destruir al otro como una legítima defensa. El odio, en este contexto educativo, no era causado por la realidad, sino por una creencia, una carga afectiva transmitida por las figuras de apego. Hoy los franceses y los alemanes se llevan bien, pero el aprendizaje del odio existe aún en muchos países.

El proceso neuroafectivo en el que el apego paterno impregna una connotación afectiva durante los períodos sensibles de desarrollo de los niños se observa fácilmente en las familias en las que hay una moral excesiva.[6] El sentimiento moral necesario para vivir juntos se caricaturiza con la deriva de los sentimientos: el placer de comer juntos se convierte en «pecado de gula», la necesidad de regular la emoción sexual en horror al sexo, y el placer de reír o de escuchar música en blasfemia, en insulto contra Dios.[7].

Toda comunidad religiosa cerrada corre el riesgo de vivir esta deriva ya que, al considerar toda creencia diferente como una herejía, se evoluciona hacia un pensamiento totalitario que reduce la identidad a una creencia única. No se puede ser musulmán y judío a la vez, mientras que se puede ser sin problemas musulmán y futbolista. Se puede decir: «Proletarios de todos los países, uníos» o «Cristianos de todos los países, uníos»,

---

6. Nucci, L.; Turiel, E., «God's word, religious rules, and their relation to Christian and Jewish children's concepts of morality», *Child Development*, 1993, 64 (5), págs. 1475-1491.

7. Jaydane, D., *La Faute et le Festin. La diversité culturelle au risque de la culture*, La Croisée des chemins, Casablanca, 2016.

pero la creencia que une excluye a los que no creen como hay que creer. Afortunadamente, la religiosidad moderna privilegia la espiritualidad,[8] que muestra la vía hacia Dios de todas las religiones y relativiza los rituales que cambian en función de cada cultura.

La necesidad de Dios es característica de la condición humana, pero cambia según las condiciones individuales y sociales. A veces Dios es intenso, tiene que ser un Salvador. Otras se piensa menos en él, y entonces se convierte en un amable organizador. No es raro que se apague y luego resurja a lo largo de la vida o cuando se producen cambios culturales.[9]

La jerarquía religiosa, sagrada o profana, se crea a partir de la actuación del creyente que recita los textos sagrados, intocables, inmutables, frente a los cuales cualquier evolución causa un sentimiento de blasfemia, una agresión contra Dios. La habilidad para la recitación de lo sagrado provoca tales convicciones que a menudo puede conducir a algunos creyentes al poder. La sumisión y el conformismo organizan la jerarquía y la hacen eficaz. La palabra de Dios es tan sobrehumana que es necesario, para traducirla, un intérprete llamado «profeta». Es él quien dice lo que Dios dice. Está prohibido juzgarlo y menos aún contestarle. La recitación sagrada es reforzada por expertos humanos, sacerdotes, rabinos, brujos, letrados que comentan los textos. La victoria religiosa tranquiliza, estabiliza, es duradera, incluso eterna. Aporta certidumbres, dice qué conductas que hay que tener, jerarquiza los valores, dice dónde está el Bien y dónde está el Mal. Al fin el mundo está claro: ya sabemos lo que hay que hacer. El recitado en común es un maravilloso tranquilizante. Qué lástima que los tranquilizantes

---

8. Haziza, D. I., «Mon Dieu, mon Dieu, pourquoi m'as-tu abandonné?», *Tenoua*, diciembre de 2016, 166, págs. 15-17.

9. Norenzayan, A., *Big Gods*, *op. cit.*, pág. 171.

tengan efectos secundarios. La creencia sagrada no puede ser discutida porque es sagrada. Cuando no se argumenta, su deriva espontánea lleva al totalitarismo. Por fortuna, siempre hay personas que se oponen a ello; sea cual sea el precio a pagar, no pueden evitarlo: «San Pablo. Nunca le reprocharemos lo suficiente haber hecho del cristianismo una religión poco elegante [...] Sus consideraciones sobre la virginidad, abstinencia y matrimonio son realmente deleznables [...] consolidó las normas de la estupidez».[10] Tentado en cierto momento por la terrible religión ideológica del nazismo, Cioran, gracias a su mal carácter lleno de talento, no podía evitar oponerse. Incluso los dogmas inmutables terminan evolucionando bajo el efecto de las restricciones sociales y culturales. Esta evolución se produce a golpe de herejías que legitiman atroces y estúpidas persecuciones, pero también ocurre cuando los grupos de creyentes aceptan considerar creencias diferentes.

Las representaciones de los no religiosos no son sagradas. Se puede y se debe reunir información, debatirla, juzgarla y hacerla evolucionar, sin que esto se considere una mancha o una blasfemia. Los debates y los conflictos hacen evolucionar las representaciones. Las decisiones no se pueden tomar desde la sumisión a las palabras sagradas, sino que se basan en historias de amor, relatos imaginarios, discursos filosóficos, políticos, científicos, en clubes deportivos o en empresas que dan sentido a la vida aquí abajo.

Desde que el ser humano está en la tierra, no ha dejado de inventar culturas en las que hierve su necesidad de espiritualidad. La creencia que más se propaga en la Tierra hoy en día es la de los que no tienen dios, los que creen que Dios no existe. El número de ateos no cesa de aumentar en Asia, Europa e incluso en Estados Unidos, donde hasta no hace mucho se

---

10. Cioran, E. M., *OEuvres, op. cit.*, pág. 928.

veía con malos ojos a quien se atreviera a decir que no hay un dios.

Al mismo tiempo que se da esta dilución cultural de Dios, el retorno de lo religioso se hace con gran ruido. Cuando se es rico, se piensa menos en Dios. Cuando la justicia se afirma, no lo necesitamos. Cuando la sociedad asume la seguridad, se necesita menos Su protección. Pero cuando la superpoblación y la tecnología causan anomia, las estructuras desaparecen y la necesitad de Dios resurge, intensamente.

La necesidad de condiciones sociales de educación, riqueza, justicia y seguridad es tan difícil de satisfacer que el retorno de Dios es predecible. Pero amamos a Dios como amamos a las personas. Quienes han adquirido un apego rígido se someterán a un Dios totalitario, mientras que los que se benefician de un apego protector se sentirán suficientemente confiados como para que su Dios tolere que además amen a otro que no sea Él.

¿Se están inventando los jóvenes una nueva forma de amar a Dios? Ya no acuden a los textos sagrados, salvo para meditar y encontrar un camino de vida más personal.[11] El desarrollo de su personalidad ya no acepta un yugo religioso, pero se abre a los textos fundadores que amplían la consciencia. La alegría de sentirse vivos entre las personas amadas no tiene en cuenta los límites que hacen que una religión se cierre e inducen al odio del que es diferente. Una espiritualidad amplía la fraternidad a todos los creyentes del mundo, invita al descubrimiento de las diferencias y se distancia de la inmanencia del consumo insensato.

¡Que Dios les escuche!

---

11. Bidar, A., «Le retour du spirituel pour le meilleur et pour le pire», *L'Obs*, 22 de septiembre de 2016, n° 2707, pág. 10.